稼ぎながら学ぶ!
ズル賢い勉強法

お金がない社会人のための
進学／留学／副業ガイド

竹中亮祐
Ryosuke Takenaka

水王舎

稼ぎながら学ぶ！
ズル賢い勉強法

お金がない社会人のための
進学／留学／副業ガイド

竹中亮祐
Ryosuke Takenaka

水王舎

▼▼▼ はじめに

●学び続けなければ生き残れない

本書を手にとっていただき、ありがとうございます。

現在、僕はシンガポールにあるコンサルティング会社の役員をしながら、アメリカのボストンにあるレズリー（Lesley）大学大学院で教育学を学び、日本国内の幼児向けインターナショナルスクールの運営を手がけています。

日本では「年金問題」や「終身雇用崩壊」、「ＡＩによって仕事がなくなる」などの暗い情報が蔓延しています。たしかに、これらのことだけに注目すると、不安ばかり膨らんでいくのはわかります。だからといって内側に閉じこもって、安定を求めていても何も起きません。もしあなたが将来を考えるのであれば「学び続ける」しかありません。

だから、僕は昔から興味のある教育の分野の勉強をしにボストンに来ました。

専攻はEarlychildhoodといって幼児期の子どもを対象にした教育プログラムです。

「子どもはどういう経験をした時にトラウマを抱えやすいか」「どの年齢の時に算数を教えると脳が一番活性化するのか」「非ネイティブに対して英語をどのように教えるのが効率的か」などの科目があり、アメリカへ来て人生で初めて学校の授業が面白いと実感でき、毎日が楽しく充実しています。

こんな話をすると、「私も留学したい。でも、お金がありません」「私も勉強をしていきたい。でも、時間がありません」とよく言われますが、僕は何も特別な人間ではありません。ただ、諦めないで考えた結果、「稼ぎながら学ぶ」という方法を思いつき、実践しているだけです。多くの人の役に立ちたいと思い、そのことを詳しく書いたのが本書です。

●24歳で大企業を辞め借金700万円に

子どもの頃の夢は、保育士になることでした。母親が元国語の高校教師で、高校を退職した後は自宅で習字教室を開いていた影響からか、人に何かを教えることに興味がありました。ただ、親から保育士はお金が稼げないと言われ、目標が学校の先生に変わり、いつしかいい大学に入って、いい企業に就職することしか頭になくなってしまいました。結果的に希望する大手企業に就職することができ、同期1200人が集まる入社式で、堂々と歩いている社長の姿を見て、「会社内で出世して社長になりたい」とあこがれていましたが、入社後3か月、1冊の本を通じて「この人に教わりたい！」という人と出会い、僕の人生が大きく変わり始めるのです。

脳科学や心理学をベースにマインドを変えていくコーチングの世界を学んでいるうちに、僕の目標は「コーチングによって教育を変えて、教育を変えることで世界を変えたい」と思うようになりました。そして「僕の生きたい未来は、この会社にはない」と感じ、1年間の会社員生活を経て、コーチングの会社を起業します。

起業といっても、仕事が全くない状況で大阪から東京へ。借金700万円からのスタートでした。しかし会社を辞めてから5年経ちますがこの間、「やろう！」と決めてできなかったことが今のところ1つもありません。大学院留学もその1つです。

この「好きなことを『やろう！』と決めること」が重要です。

好きという思い、心からやりたいという思いは、成功するまで、達成するまでやり続ける源泉になるからです。

やりたいことをすべて実行するために勉強をしたり、お金を稼いだりすることが、人生の面白さだからです。

●お金がないと学べない

しかし、学び続けるためにはお金が必要です。よほど能力があり、奨学金をもらえる人なら別ですが、僕みたいな普通の会社員には無理です。

そこで僕が極めたのが、「稼ぎながら学ぶ」ということでした。

日本では稼ぎたいと思う人と学びたいと思う人は別の世界に生きているような感じなので、いろいろ調べましたが、「稼ぎながら学ぶ」というノウハウがありませんでした。だから、この本は僕が実体験を通じて得た「サバイバル術」でもあります。

社会人になったあとに学校に行ったりするにあたって心配なのが「お金」だという人は多いと思います。例えば、海外で勉強するとなると、学費だけでなく家賃や食費なども発生します。しかし留学生活のノウハウや現地情報をインターネットで発信すれば、それがコンテンツとしてお金になるのです。

本書では「稼ぎながら学ぶ」方法についても具体的に紹介しています。例えば、

①本書を参考にしながら、英語学習と海外留学の準備の様子をSNSで記録、発信する。

↓

②留学前に、仲間や友だち、フォロワーが増えて、モチベーションが維持できるようになる。

↓

③SNSを通じて自己表現の仕方、お金の稼ぎ方も自然に身につく。

↓

④英語学習や情報発信が習慣化されて、コンテンツも充実する。

↓

⑤留学先での体験をリアルタイムで発信していく。

↓

⑥留学先で英語力を磨く＋世界各国の友人ができるので、ネットワークがさらに広がる。
↓
⑦留学後にコンテンツの英語版を作ると、留学先の情報を探している世界中の人へリーチできる。

このように、家にいながらにして少ない時間で稼ぐ方法をどんどん紹介しています。

●日本人はチャンスを活かせていない

僕が海外に住んで感じたのは、日本人はチャンスを活かせていないということです。インターネットを使って片手間で稼ぐことがこれほど楽な国はないでしょう。ただ、その稼ぎ方が永遠に続くとは限りません。世界はどんどん変化しているからです。ですから、僕たちも学び続け、変化をしていかなければなりません。

そのために必要なのが、「稼ぎながら学ぶ」こと。

前述したように僕はアメリカにいながら、日本で幼児向けインターナショナルスクールの運営をしていますが、さらに世界の子どもたちに夢を与えていきたいと思い、カンボジアに小学校を設立しました。

日本では6歳になれば小学校へ上がり、その後中学校に進学するのが当たり前ですが、カンボジアでは親が学校に通ったことがなかったり、そもそも「学校とは何ですか？」という人が多いのが現状です。

学校を設立した場所は、カンボジアの中でも農業以外の産業がほとんど発達していない地域です。子どもの頃から農業1本で生活する環境しか知らないため、文字の読み書きや語学を学べば農業以外の道へ進む選択もできるということを知ってほしいし、学校を通して自分の世界を広げてもらえたらと願っています。

何もない小さな原っぱから、大志を抱く子どもたちが大きく成長し、世界を牽引していくリーダーたちが、この学校からどんどん生まれていくのを想像すると、楽しみでたまりません。

僕のゴールの1つが、日本にインターナショナルな大学を創設することです。生まれ育った国に教育分野で何か貢献できたらいいと感じます。

今は幼児教育にフォーカスしていますが、ゆくゆくはハーバード大学のような世界一流の教育を受けることができる機関を日本に作れたらと考えています。今、大学院留学をしているのは、その準備の1つなのです。

大きな夢を叶えるには、考え方を根本的に変えなければいけないので、「成功していない考え」ではなく「成功するための新しい考え」をするようになります。

描く夢は必ず、自分だけでは叶えられない大きなものを。

●点を取るためだけの勉強法から新しい形の勉強法へ

留学は生まれ変わるチャンスです。

特に自分を表現できない人、引っ込み思案な人ほどおすすめです。さらに、学校や会社でいい点を取ることだけにとらわれてしまい、自分が本当にやりたかったことや好きなことが何だったのかわからなくなっている人にもぴったりです。

生活する場所を海外に変えることで、他者の目を気にすることなく自分自身にフォーカスしていくようになります。日本という狭い視野で捉えるのではなく、グローバルな視点からものを見ることができるようになり、語学を習得することで日本語以外の言語でものを考えることができるようになります。
複数の言語で世界を捉え直すことは、自分をがらりと変えることにつながり、自己の再発見にもつながります。
そこで得たオリジナルの体験や知識は、そのままコンテンツとなり、別の誰かの役に立つことができます。さらに多様な価値観を持つ世界の人々とつながることで新たなビジネスパートナーと出会えたり、新たな市場を開拓できたり、海外で学びながら稼ぐノウハウを身につけることができるでしょう。

読者のみなさんにとって、本書との出会いが自分に自信を持ち、自らの人生を生きるきっかけになれたら幸いです。

竹中　亮祐

目次

▼▼▼ 2章 どこでも生活できる自由を手に入れるために

▼▼▼ 3章 大学に行きながらお金を稼ぐ方法

▼▼▼

4章 進学／留学準備すらお金に変える

～願書の入手から出願書類の書き方、各種手続きまで～

1章

なぜアメリカ留学することにしたのか？

アメリカをすすめる理由

誰にでもチャンスがあり、頑張った人は夢を実現することができるアメリカ。世界経済をリードし、最先端のテクノロジーや新しい文化を発信し続けるアメリカは、世界中の留学生から人気です。

アメリカの人たちは自己主張がみな激しく、どこでも大声で楽しそうに話をしているのが印象的です。州によっても違うと思いますが、シンガポールに住んでいた時とは全然違います。ただ海外に住むだけでも自分を取り巻く環境は大きく変わります。住む場所は人間関係にも大きな影響を与えます。人とのつながりが人生を作っていくわけなので、どんな人とどんなコミュニティに帰属するかはかなり重要です。

独立行政法人日本学生支援機構（ＪＡＳＳＯ）によると、２０１７年度の日本人留学生は６万６０５８人で、最も人気のある国がアメリカで、次いでオーストラリア、カナダとなっています。

アメリカには世界トップレベルの大学も集まっており、Times Higher Educationが毎年発表している「THE世界大学ランキング2019年度版」では、スタンフォード大学、マサチューセッツ工科大学（MIT）、ハーバード大をはじめ、世界の大学トップ100位のうち40校がアメリカの大学です。ちなみに日本の大学は、東京大学（42位）と京都大学（65位）の2校しかランクインしていません。

アメリカの大学の学費は他国と比較して高いことで有名です。学生ビザでも就労ができるカナダやオーストラリア、ニュージーランドと比べると、事前に用意する費用は高めになります。アメリカにはワーキングホリデー制度がなく留学生は働くことができません。が、大学キャンパス内でのアルバイトや、日本などアメリカ以外の国と仕事の取引をすることでキャッシュフローを作ることも可能です。

学べないジャンルがない

アメリカには約4600校の大学があります。日本は1000校超、イギリスは約100校、カナダは約90校、オーストラリアは約40校です。他国と比較しても圧倒的な数を誇り、大学で学べる専攻も社会のニーズに合わせた内容が600以上あるとも言わ

■国・地域別日本人留学生数

	国	留学生数	
1	アメリカ合衆国	1万2683人	19.2%
2	オーストラリア	6521人	9.9%
3	カナダ	6290人	9.5%
4	中国	5000人	7.6%
5	韓国	4857人	7.4%
6	タイ	3682人	5.6%
7	イギリス	3674人	5.6%
8	台湾	3379人	5.1%
9	ドイツ	1922人	2.9%
10	マレーシア	1778人	2.7%
	その他	1万6272人	24.6%
	合計	6万6058人	100.0%

日本学生支援機構(JASSO)「平成29年度協定等に基づく日本人学生留学状況調査結果」

■アメリカへの留学生出身国・地域上位10

	国	留学生数	
1	中国	35万755人	32.5%
2	インド	18万6267人	17.3%
3	韓国	5万8663人	5.4%
4	サウジアラビア	5万2611人	4.9%
5	カナダ	2万7065人	2.5%
6	ベトナム	2万2438人	2.1%
7	台湾	2万1516人	2.0%
8	日本	1万8780人	1.7%
9	メキシコ	1万6835人	1.6%
10	ブラジル	1万3089人	1.2%

Open Doors 2017, IIE

れています。

主な学科だけでも、ビジネス・経営、地域民族研究、農学・資源学、芸術・建築・デザイン、演劇・音楽、生物科学、コミュニケーション、情報科学、教育、工学技術、物理科学・数学、外国語、医療関係、社会科学、社会福祉・家政学など。ユニークな専攻としてはゴルフ場経営学やワイン学、スパイ学などもあるそうです。

実践的で実用性を重視する姿勢

アメリカにはプラグマティズム（pragmatism）という伝統があります。これは物事の真理を「理論や信念からではなく、行動の結果によって判断しよう」という思想です。アメリカの大学はこのプラグマティズムの伝統を受け継いでいるので、実用的な学問を重視していて、企業と連携して共同研究している大学も多いのが特長です。また先生が一方的に話して生徒が聴く講義形式の授業だけでなく、ディスカッションやディベート、現実を模したシミュレーション、実際の事例を学ぶケーススタディ、企業内で実習するインターンシップなどが盛んに実施されています。アメリカの先生は、知識を教えるというよりも、学生から新しいものを引き出し発展させる役割が期待されており、学生も主体的に学び、授業に積極的に参加する姿勢が求められます。

プラグマティズムは、もともとキリスト教の天地創造論とダーウィンの進化論の対立から生まれた考え方です。この2つは根本的に相容れない信念を持つもの同士ですが、この対立からの前進を目指して、自分の価値観や既存の価値観を絶対視せず、常に修正を加えながら前に進めようという姿勢です。主なポイントは以下の通りです。

・一定の考えや思い込みにとらわれないようにする。
・前例や慣習に固執しない。
・目的を見失わない（手段が目的化しないようにする）。
・善悪や○×の二者択一で考えない。
・異なる意見にも耳を傾ける。
・間接的に得た情報だけに頼らない、直接話す。
・理論だけで決定せず、行動する。
・つまずいた時、失敗ととらえずにすべてを人生の糧と考える。

多民族国家アメリカで暮らす上で、このプラグマティズムを頭の片隅に置いておくと多様化する社会のなかでコミュニケーションが取りやすくなるでしょう。

多種多様な文化・価値観と出会える

留学すると良い点は、世界のいろいろな国に旅行しなくても教室やキャンパスに世界各国の人が集まってくることです。通っていた語学学校や大学院のクラスでは生徒の国籍がバラバラなので、アメリカ人はもちろん、ブラジル、ドイツ、フランス、コスタリカ、シリア、ガーナ、中国、韓国などの人たちと友だちになりました。

多国籍の友だちと話せると、ネットやテレビではわからないリアルな話を聞くことができます。グーグルで検索して情報を得るのとでは大きな違いです。

また文化や習慣の違いを体感するため、考え方が柔軟になり、広い視野や高い視座で物事をとらえられるようになります。

他言語を話せると、入ってくる情報の量と質が変わる

他の言語を一つでも多く知っていると、入ってくる情報の量と内容は圧倒的に変わります。留学してみると、3～4か国語を話せる人も珍しくないということに気づくでしょう。英語と母国語の2か国語ができるのは普通で、さらにドイツ語も話せるというようなトリリンガルや、最大6か国語を話せるマルチリンガルの人にはびっくりしました。欧米圏では、使用している文字がアルファベットなので、言語が異なっていてもなんとなく文字が読めます。日本人が中国へ行った時に、中国語の意味を漢字で類推する感じに似ています。

例えば英語で「調子どうですか?」と聞きたいときは、〝How are you?〟ですが、スペイン語だと、〝Hola?〟です。日本人でも〝Hola?〟の意味がわからなくても、〝Hola?〟という文字自体は読めますよね。日本語は「ちょうしどうですか」と書かれていても、そもそも外国人は読めないのです。

文化の違いを学ぶ授業で、あなたの国の文字で◯◯を書いてくださいという課題があ

りましたが、みんな基本的にはアルファベットで書いているのに、僕だけ漢字やひらがなで書いていたので、文字のガラパゴス化を痛感しました。世界の人々とコミュニケーションをとる上で不利ですし、30年近く生きてきて、なぜ日本語しか学んでこなかったのだろうと愕然としました。

ただ逆に視点を変えると、日本語が使えることは強みでもあります。外国人からすると日本語は習得が特に難しい言語だと聞きますし、ファッションとして漢字やひらがなをモチーフにしたグッズやタトゥーを入れている人をよく見かけます。

留学先として人気の英語圏の国々

すでに述べたように日本人留学生に人気の国はトップがアメリカで、次いでオーストラリア、カナダと続きます。ちなみにアメリカに留学してきた人たちの出身国は、人口が圧倒的に多いからか、中国が1位でインドが2位、続いて韓国、サウジアラビアと続き、日本は8位です。ここで、アメリカ以外の英語圏の留学先の特長を見てみましょう。

■英語圏で人気の主な留学先

・カナダ

アメリカと比較して物価が安い。住みやすい都市としてバンクーバーやトロント、モントリオールなどが人気。モントリオールのあるケベック州での公用語はフランス語のため、英語とフランス語の2つの言語に触れることができるのも魅力。冬は寒い（トロントの冬の平均気温はマイナス5℃以下）。THE世界大学ランキング100位には、トロント大、ブリティッシュコロンビア大など5校がランクインしている。

・オーストラリア

最長2年間渡航できるワーキングホリデー制度や学生ビザでも働けるなど、留学制度が充実しているのが特徴。留学生がオーストラリア人と同等の教育が受けられるESOS法など、国を挙げて留学生をサポートしている。自然が豊かで、治安がよく生活環境も整っているのが魅力。物価が非常に高いが、仕事の時給も高い。THE世界大学ランキング100位には、メルボルン大、オーストラリア国立大、シドニー大など6校がランクインしている。

・イギリス
英語の発祥地であり、教育水準が高い国。サッカーやテニス、乗馬などイギリス発祥のスポーツや紅茶、フラワーアレンジメントなどの趣味習得にも人気。ヨーロッパ各国へもアクセスしやすいので、さまざまな国の文化や芸術に触れることができる。THE世界大学ランキング100位には、1位のオックスフォード大、2位のケンブリッジ大など11校がランクインしている。

黙っていることのリスク

語学学校へ2週間留学をしてみるだけでも、どんなに人見知りで引っ込み思案な方でも、しゃべらないと損だと必ず気がつきます。

・日本→先生の発言を邪魔しない、空気を読んで黙っているほうが被害を被りにくい。
・海外→黙っていて話さないと、気味が悪いと思われる。

日本で生活している中で身についてしまった行動のボーダーラインや思い込みが外れるだけでも、留学する価値があります。

僕はアメリカへ渡る前に、フィリピンのセブ島とカナダへ2週間ずつ語学留学をしていましたが、英語力を磨くことに集中したくて、友だち付き合いを極力しませんでした。ところが大学院に入学する前に通っていたボストンの語学学校で「黙っていると誤解されるぞ」と気づき、心を入れ替えてどんどん話をするようにしたのです。

もっともはじめてセブへ語学留学したころから、正直言って焦っていました。外国人は想像をはるかに超えて積極的だったからです。ボストンに入り、その焦りはより顕著に。意識が高い人が集まっているので、この後、大学院へ入ることを考えるとこのままではまずいと気づいたのです。

ボストンの語学学校に通いはじめて1か月が経ったころ、まわりの外国人はクラスに慣れて積極的な発言やアクションを起こすのに、自分は消極的で、英語を話せてない。というよりもクラスに入り込めていない感覚でした。これは自分でもよくわかったのですが、メンタルの問題で、慣れない環境に気後れしていたのです。

僕の場合は人と話をする時や語学学校で、下を向きがちでした。授業で当てられるのを避ける意図もありました。それを変えると決意してからは、先生から目を離さず、「めちゃめちゃ聞いているぞ、早く僕を当ててくれ、しゃべりたい」という自信満々オーラを出し続けるようにしました。

自信を持つだけで、語学力は結構変わります。自信を持って、胸を張って、顔を上げて話すと、のどから腹まで息の通りも良くなるので、発音もマシになります。これは日本語でも一緒です。

人前でのスピーチが苦手な人でも、ジェスチャーを交えたり、相手の目を見て話すなどちょっとしたことに気を配るだけでも、落ち着いて話すことができます。

授業だけでなくクラスメイトと雑談している時でも、話している人の目を離さないとか、当たり前のコミュニケーションを当たり前にするように意識していました。

自己肯定感が低い人こそアメリカへ

日本で目立っている人、よくしゃべる人は、アメリカでも目立ちます。そういう人はどんどん海外に出て行ったほうがチャンスをつかめるでしょう。

ただ、人見知りで自分を外に表現できない人こそ、留学をすべきだと僕は思います。留学は、環境を変えるというより、完全に生まれ変わるといったほうがぴったりだからです。

言語が変わると、人格が変わり始めます。

僕は日本語だとおしゃべりなほうですが、最初のうちは英語だと臆してしまいがちでした。相手と話していても日本語だとうまく伝えられますが、英語だとあまり伝わってないだろうなあという感じがどこかにあります。日本語だったら「今の意見はおかしいよ」と論理立てて反論できることも、英語だと反論できずに流してしまうこともよくありました。こんな風に英語が話せないために会話自体が面倒くさくなると、ふさぎこんでしまい、ちょっと間違えると孤立してしまいます。

彼らの会話のスピードはとても速いので、英語だと即答ができないんです。どう話そうかと頭の中で考えて、黙っている時間が2～3秒あると、もう別の生徒や先生が意見をかぶせてきて、どんどん次の話題にいってしまう。頭の中で翻訳しているともうついていけません。

みんなしゃべりたくて、自分の意見を言いたくてうずうずしている感じです。もちろん学校なので先生に認められたいとか評価されたいという思いがあるのは当然ですが、「自分はこんなことができます」という自己表現がうまい人でないと注目されないことがよくわかっているのです。沈黙はその場にいないのと同じことです。

黙っているだけでは「何をしたいんだ、君は」と不思議がられます。みんな自分大好きで、自己肯定感が高く、自己表現が豊かです。誰もがオリジナリティとかユニークさを持っているのです。

それが他人に「すごいね」と言われるものでなくてもいい。自分の価値観でOKならいい。あたかも「世界でこれをしているのは私だけ」みたいに自信満々に言う人が多いです。客観的に見ると「いやいや、それ普通にみんなできるでしょ」と思うのですが。

とにかく誰かの陰に隠れようという意識がなくて、

・恥ずかしがらない

・人の目を気にしない

の2つです。自主性が強く、いかに目立つかが勝負です。

だからこそ、日本で人目を気にしたり、まわりに流されたり、自己肯定感が低かったり、引っ込み思案だったりする人はアメリカで生活してみることをおすすめします。誰もが自分のことに夢中で、あなたのことを気にしていないことに気がつくからです。日本で悩んでいたことはちっぽけで、自分のやりたいこと、好きなことを自由にやればいいと思うはずです。

先日、アメリカ独立戦争の契機のひとつとされるボストン茶会事件の博物館に行ってきたのですが、観賞していたら、突然、寸劇が始まり、博物館のスタッフに話を振られました。見学しているお客さんが巻き込まれるのです。日本人はとっさに関わらないようにするところですが、アメリカではその場にいる人たちがアドリブで楽しむのです。

アメリカでは、とにかく参加することがポイントです。

「頭が賢い」と「語学が話せる」は全然違う

論理的な問題とか社会問題などの話題になると、英語がいくら流暢に話せても、大学を卒業したばかりの20代前半の人は、あまり独自の意見を言うことはできないようです。その点、ドイツ人で起業している経営者とトルコで会社を創業してすでに売却している知人は、若くても社会経験が豊富で自分の考えがすでにあるので、どんな話でもすぐ回答できます。頭の良さと英語で内容のある会話ができることは全然別です。

ごく一般的な日本人は、多国籍な人々のなかにいきなり飛び込んでいくのはハードルが高いため、慣らしていく形で、語学学校から入るのがおすすめです。

外国人の生徒はこんな感じなんだと肌で感じるのは、それだけでもいい勉強になります。

「あれ？　学校ってこんな感じだったっけ」と面食らうはずです。先生がまだしゃべっているのに、生徒がどんどん意見をかぶせてくる。僕も初めはびっくりして、内心で「今、先生が話しているけど、質問いいですかって挙手するものなんじゃないの？　こいつ絶対怒られるわ」と思っていましたが、先生もかぶせてきた生徒の意見を聞いて回答するだけでなく他の生徒もそこにどんどん意見をかぶせていく。

この辺りまでは気にせずガンガンいっても大丈夫というラインを学ぶだけでもアメリカの授業を受ける価値があります。

話せなくても手に入るものは大きい

まわりの友だちでも、海外留学の経験があっても英語をあまり話せない人は大勢いますが彼らは帰国してから存在感があり、光っています。意識が高く行動力が優れている人ばかりです。海外では、ある意味不便な生活をすることで帰国後、物怖じしなくなります。日本で生活しているとどこでも言葉は通じますし、「留学中の大変さに比べればこれくらい何でもない」と余裕ができるのかもしれません。

海外は治安の悪い場所も多いのでちゃんと道を選んで歩かないと、犯罪に巻き込まれます。

銃を突きつけられたら終わりです。万が一遭遇してしまったら、持っているものとパスポートを渡して、命ごいをするしかありません。

ナイトクラブもいっぱいありますし、ちょっと道を間違えればマリファナも合法なので注意が必要です。巨体のホームレスが路上の中央を歩いていて、持っているビンを投げているのも見たことがあります。日本ではまず見かけないクレイジーな行動をとる人がいて、日本でもちょっとやんちゃな人はいますけど、ケタ違いです。全員筋肉ムキムキで「タトゥーが入っていて怖いよ」とかのレベルでなく、目つきとか雰囲気とか、明らかに怖いと本能で感じるレベルです。

海外に行くと直感力というか臨機応変力、危機回避能力がつきます。

日本を出ることで、人間の顔色、雰囲気のやばさがわかるようになってきます。出るというのは旅行ではなく、海外居住し様々なバックグラウンドの人と関わることです。

またアメリカで暮らしていると、自分ももっとがんばろうと思いやすくなります。体を鍛えていたり、美容に気を使っている人が多いので、英語や専門の勉強だけでなく、健康を維持することに意識が向きます。普通に生活しているだけで、現状に満足できなくなるのでやりたいことが増えると思います。

現在、僕は企業の営業やマーケティングのコンサルティングもしていますが、そこの経営者からも、「うちの社員はやりたいことがない、モチベーションが上がらない」とよくボヤいていると相談を受けます。

海外へ行くと、本当にやらないといけないことが視覚化するので、目標とのギャップを埋めるために、強制的に体が動き始めます。

日本で普通でいいやと現状に満足している人も、海外で生活すると、ごく普通に自分よりすごい人がたくさんいるので刺激を受けると思います。悩んでいたり、ネガティブになる時間もなくなるでしょう。

留学は、3か月以上したほうがいい

興味ある国へ旅行するのもいいですが、僕は日本以外の国に住むことをおすすめします。

短い期間でもいいので、旅行で滞在するのではなく、実際に外国で生活してみることです。本を読んだりインターネットで調べたりするより、外国をリアルに感じてみることで見えてくる世界があります。

不思議ですが、帰国した時に、日本のことがよくわかるようになっていることに驚きます。

アメリカに行く前は、2年間シンガポールに住んでいました。きっかけは、日本国内で知り合った仕事仲間7人で、マレーシア、バリ、シンガポールなど東南アジアを旅行したことです。シンガポールに滞在していた時に、現地の方と知り合い、その人と食事をすることになりました。バクテーという豚の骨のスープを飲みながら、その人が「いいよー、シンガポールは。景色がきれいだし、治安もいいし」と言うので、「海外にいつか住みたいと思っていたんですけど」と相談すると、「法人作って、ビザを取って……」と親切に教えてくれました。

簡単ならとよしと思って、その場で住むことに決めました。旅行から帰国してすぐに学歴証明書やパスポートのコピーなど、ビザに必要な書類をその人に送って手続きを進めてもらいました。

本当に簡単でした。

エンプロイメントビザ（Employment Visa）という就労ビザで、自分で法人を設立して、その法人が自分を雇うという形です。

つまりどこかの会社から雇われないと就労ビザが下りないので、自分でシンガポールの会社の社長になって、その会社から自分を雇い入れました。

シンガポールでは、レストランでメニューを注文する程度の日常的な英会話しか使いませんでしたが、実際に生活してみると新鮮な驚きの連続でした。

そんなふうに海外で暮らしたこともあったのですがアメリカはまた独特で、慣れるまでに時間がかかりました。しかしアメリカで授業がはじまって数週間経つと、次第にクラスメイトとも打ち解けて、少しずつお互いのバックグラウンドを話すようになります。するとテレビやネットのニュースで見聞きしていた世界の情報が、目の前にいる各国からやってきたクラスメイトや友だちの口からリアルに聞けることに心が躍ります。いるのはアメリカだけど、地球に生きている感じ。毎日が刺激的でいろいろな国を体感できている。ドイツ人と1時間会話していると実際にドイツにいる感覚になりますし、ガーナ、ブラジルなども同様です。

シリアから来ているクラスメイトは、9・11のテロの時も在米していたと言っていたので当時は中東出身者はテロリストだという偏見があったせいか、辛い思いをしたようです。

また、僕は世界各国を旅行したいと思っていましたが、アフリカや南米は危険なイメージがあり避けていました。しかし、ブラジルやコスタリカ、ガーナの人と話をしていると自分が想像していたほど危険ではなく、銃の所持も禁止されていたり、ブラジルと日本の犯罪率はほとんど変わらないなどの話を聞いて視野が広がりました。

各国の話を聞けるのは面白いですが、政治と宗教とジェンダーについての話題は注意が必要です。アメリカは自由で多様ではありますが、価値観がいろいろな人がいるからです。語弊がないように伝えているつもりでも、外国語でのコミュニケーションですからニュアンスが伝わらないこともあるし、自分が気づかないだけで周囲に該当する人がいたりします。韓国ってこうだよねって話しているとそばに韓国の人がいたり、中東の話をしていると後ろに中東の人がいたり……。

特に外見だけでは、ドイツ人なのかイギリス人なのか、インド人なのかパキスタン人なのかグアテマラ人なのか判別がつかないこともあります。

このようにコミュニケーションには気を使うこともありますが、面白いことのほうがたくさんあります。

また友人を介して、英語以外の別の言語も無料で学べる機会や環境がたくさんあります。

留学先では働けないが、日本でキャッシュフローを作ればいい

すでに述べたように、アメリカでは基本的に留学生が働くことは禁止されています。日本の企業に勤めてアメリカ支社へ転勤になるか、アメリカの企業で雇ってもらう以外、アメリカで働くことはできません。学生ビザの留学生は働けませんが、日本など他の国でマネタイズするのは問題ありません。要はアメリカ人の仕事を奪わなければよいということになります。

日本の銀行口座に毎月の報酬として入金されたものをアメリカの銀行口座に送金することは、自分の貯金を動かしているだけですね。僕はシンガポールの法人口座からシン

ガポールの個人口座へ毎月役員報酬が振り込まれて、その口座からいくらかを毎月、アメリカの個人口座へ移動している形です。ネットバンクを利用しているので、手続きはスマホで簡単に済ませることができます。また、銀行口座と連携したクレジットカードを使用するのもいいでしょう。

また留学生でも通っている大学内でアルバイトができることもあります。僕の通う大学でも学校内にジョブセンターがあって仕事の募集が掲示されていたり、メーリングリストで週1回送られてきます。

最近では、インターネット電話とメールがあれば、お互いがどこにいても仕事はできます。

クラスメイトでも、留学しながら自国の仕事をオンラインでやっている人もいます。例えばブラジル人は医療系の仕事の通訳や翻訳です。ポルトガル語のインタビューや原稿を英語に訳して送り返す内容で、ドイツ人は自国で飲食店を経営していて、授業の時間外で現地スタッフと電話やメールでやり取りをしているそうです。

僕もシンガポールにあるコンサルティング会社の役員をしながらアメリカの大学院に通っています。

大学院の授業は週に2〜3日で主に夜になるので、日中は自分の仕事をしたり、授業のレポートをまとめたりしています。アメリカ人の学生はほとんど社会人ですので、昼間は教育に関する仕事に就いていて、それを終えてから授業に来ている人がほとんどです。

大学院の1学年間（9か月）の授業料は学校により異なりますが、僕の場合は、1学年間で約150万円です。住居はアパートの1人部屋を借りましたが、学生寮やレジデンスと呼ばれる民間の寮のほか、アパートで共同生活をすると生活費をかなり節約できます。入学する学校の授業料とどのような住居を選ぶかによって生活費は変わってきますが、アメリカ以外で月30万円以上の収入を得る仕組みを作れれば、渡米時点の貯金がほぼ0円でもやりくりできると感じます（ただし出願書類を提出する際に財政能力証明書が必要になるので、一時的に自分や家族、親族の預貯金残高を証明する必要あり）。

授業料分の貯金、もしくは返済の必要がない給付型奨学金、あるいは卒業後就職してから返済する貸与型奨学金などで、月20万円程度の収入があれば、アメリカの留学生活は可能だと思います。

有名私立校は授業料が約600万円以上なので、ほとんどの学生が奨学金制度を利用しています。

また大学院と違い、語学学校なら、日本で語学学校へ行くのと値段は変わらず、むしろ安いほどです。環境も良くコストパフォーマンスが良いので、授業料の面で大学院が難しければ語学学校がおすすめです。

学費は月々の分割払いも可能

分割払いの大学もあります。まとまったお金を事前に準備する必要はなく、卒業まで持ちこたえればOK。大学院で修士や博士号を取得すると、就職時の収入も上がるし選択肢もかなり広がります。

月払いが厳しい人は奨学金やローンを組み合わせて、卒業後に返済していく形やいろいろパターンがあります。

学校によって異なりますが、大学に合格するとファイナンシャルサポートの連絡も来るので、過度に心配しなくて大丈夫だと思います。一括と分割とその他相談したい場合とわかりやすく案内がありますので、合格してからじっくりと検討することができます。

僕の場合、今は大学院の修士課程にいますが、博士課程もチャレンジしたいと考えています。博士号を取得すると就職が圧倒的に有利になります。修士と比べても給料が跳ね上がります。ただ博士課程に進むとお金と時間がさらにかかるので、どこまで持ちこたえられるかでしょう。博士課程では役割によりますが、お給料も出ます。

大学院の授業料は月々の分割払い（無利子）を利用していてキャッシュフロー的にもうまく回っています。シンガポールの会社の報酬が毎月あるので、支出と収入を考えていけば、授業料の半分くらい手元にあればなんとかなります。

寮やルームシェアを使えば家賃の節約に

留学先での主な滞在方法は、アパート、寮、ホームステイが一般的です。立地や設備などにより家賃は異なり、日本円で10～15万円するところもあれば、学生寮など月額あたり約5～6万円で住めるところもあります。

■学生寮

2〜4人部屋が一般的で、ベッドや机、本棚、クローゼットが付いています。食事は通常カフェテリアでとり、ミールプラン（Meal Plan）といって最初にまとめて料金を支払っておき、ミールパスを提示して精算するシステムが多いです。寮には共同のキッチンもあるので、自炊することも可能。最近では性区別をしない男女混合の寮もあります。アメリカ人学生や世界各国からの留学生も住んでいるので、友だち作りには最適で、各種イベントや共有スペースでの交流も盛ん。一方、文化、価値観が異なる人たちと共同生活を送るので、シャワーやランドリー、トイレの使用方法や騒音、ルームメイトが恋人を連れ込むなどのトラブルも。

民間が運営している寮をレジデンスといい、語学学校などと提携しているケースが多いようです。

■アパート

簡単な家具付きの物件が多く、節約の面で他の入居者とルームシェアする場合が多いです。契約時には最初の月の賃料と、それと同額の保証金を支払います。保証金は契約終了時に部屋の損傷がなければ払い戻しされます。契約はだいたい1年間で、光熱費や水道料金が毎月の賃料に含まれるのか別なのかを確認します。特に治安や通学の便が良いところを選びましょう。

■ホームステイ

ホストファミリーも多国籍でさまざま。部屋代と食費を支払い、ホストファミリーが部屋と食事を提供するスタイル。家庭ごとにルールが異なるので、門限や食事、シャワーの時間などを確認しましょう。

アメリカの博士号（Ph.D.）は世界的に強力なカード

アメリカの大学院の博士号（Ph.D.）は、世界的にも認められて、積み上げてきた専門知識や技術に対する評価と待遇を得られます。一方、日本で大学院の博士号を持っていても、日本企業では給与や昇進の面で優遇されることはほぼありません。

日本では誰がどれだけ稼いでいるという話になりがちですが、アメリカでは学歴よりも専攻が何かを重視しています。「彼は○○で博士号（Ph.D）を持っているよ」「ビジネスで修士号（Master）を持っているよ」というように。プロフェッショナルな部分は何かが問われるアメリカ社会では、多分野においてリスペクトされる存在です。

僕の通っている大学院の修士課程の卒業生の平均年収が8万6000ドルです。日本円にして年収約1000万円。教育学なので学校関係の職に就く人が多いです。

さらにアメリカの場合、日本と違って副業がNGではないため、MasterやPh.D.を取得しているといろいろな仕事が入ってきます。学校の先生として授業をするだけでなく、講演会やセミナーだったり、企業の研修をしてほしいとか、著書を出しませんかなど。日本に帰国して再就職するよりも、アメリカで就職したほうがチャンスは広がるかもしれません。

留学先を拠点に安く旅行へ行ける

留学先の大学がセメスター制の場合、6～8月はだいたい夏期休暇になります。この

3か月を利用して、旅行に出かけるのもいいでしょう。僕はアメリカにいる間にヨーロッパや北アフリカ、中南米を回ってみようと計画しています。日本からは遠くコストも高いですが、アメリカ東海岸からだと近くて安いので。

語学学校と大学院でいろいろな国の友だちができて、各国の危険な場所やコスパの良いアクセス方法、おすすめの場所、美味しいレストランなど教えてもらいました。ブラジルはリオがいま政情不安だから立ち寄らない方がいいとか、サンパウロ、ブラジリア、リオが有名だけど、サルバドルは気候が温暖でビーチ沿いで景色もよく穴場だとか。アマゾンのジャングルも一度見てみるといいけど、湿度がものすごく高いから入り口あたりだけでいいんじゃないとか。

中南米はこの10年くらいで治安が良い方へ変わってきているようです。

大学院で学びながらクラスメイトから世界の情報が口コミでリアルタイムに入ってくるので視野が広がります。逆に僕も日本の良いところやおすすめのところを伝えるようにしています。

将来日本やカンボジアの学校で子どもたちに話をする時に、世界を知っている、社会経験が豊富という先生の方が子どもに伝えられることが多いという思いがあります。僕は教育者としてじいさんになってもやるからには、早めに世界5大陸を見て回っておきたいと考えています。

最近、世界を旅しながらお金を稼ぐブロガーなどが多くいますが、ぜひ留学もしてほしいと思います。

ちなみに、語学学校に通う目的で発行した学生ビザの場合、旅行でアメリカを頻繁に出入りするのは良くないそうです。語学学校で勉強するためにアメリカに来ているのに、「なんでそんなに出入りが激しいの？」「何か運んでいるんじゃないの？」と疑われます。

大学院に通う目的で発行した学生ビザの場合は、語学学校と同様のF－1ビザでも信用面が違います。

カルチャーショックの対処法

日常生活すべての場面で英語しか通用しない環境は、留学当初かなりのストレスになります。さらに、生まれ育った環境とかけ離れた慣習や考え方、文化に触れた時になんとか適応しようとする際に起こる違和感や戸惑いをカルチャーショックと言います。カルチャーショックを受けやすい事例は次の通りです。

・食べ物や服のサイズなどがとにかく想像以上に大きい。
・ハグやキスの習慣に居心地の悪さを感じる。
・スーパーやコンビニでの接客の違いに戸惑う。無愛想だったり、馴れ馴れしかったり個人差が激しい。
・時間にルーズ。雑。日本のように空気は読めない。
・お菓子やケーキの色がどぎつい。
・靴を履いたままテーブルに足を置く。
・自己主張が強すぎる。

など。

カルチャーショックは、誰にでも起こりうる自然なことで、人によってショックの度合いや症状が異なります。主な症状例は以下の通りです。

・孤独感を覚え、神経質になり、体がひどく疲れる。常に眠くなる、もしくは眠れなくなる。
・ホームシックにかかり、日本にいる家族や友人と常にやり取りして、一人になると泣いてばかりいる。
・日本人ばかりと付き合い、アメリカ人や他国の留学生と交流をしない。
・英語を話すのが嫌になり、人と関わりたくなくなる。
・アメリカに対して嫌悪感や怒りを覚え、些細なことで腹が立つ。

カルチャーショックを受けて、異文化に順応していくプロセスは一般的に4段階で説明されるそうです。

ステージ1　ハネムーン期

初めの数週間、新しい環境ですべてが新鮮に思える。何にでも興味をそそられ、生活リズムになじむために忙しく過ごす。

ステージ2　葛藤・危機期

旅行ではなく、留学をしに来たという現実に向き合い、最初の興奮も冷め、実生活を送るということに気づく。トラブルに直面する場面も経験し、習慣や文化の違いにネガティブな感情を抱き始める。いら立ちや怒り、不安、抑うつ気分などを感じる。ささいなことが気に障り、アメリカ人やアメリカの習慣に敵意を感じることも。

ステージ3　適応期

時間とともに文化・習慣に慣れ、新しい環境になじみ、違和感を持たなくなる。いら立ちや怒りなどを感じる機会が少なくなり、アメリカだから仕方がないと開き直ることも。

ステージ4　受容期

異なる文化や習慣に適応し、心を許せる友人や知人もできる。周囲から自分が受け入れられたと感じると同時に、自分も周囲を受け入れることができたと感じる。

カルチャーショックを乗り越える対処法は次の通りだそうです。

・日本は日本、アメリカはアメリカ、全く別物と割り切る。
・何に不満・不安を持っているのか、その時の気分を紙に書き出してみる。
・ひとりでひきこもらないこと。学校のカウンセラーや留学経験者に相談してみる。
・朝昼晩、食事をしっかり取り、よく眠る。
・一気にアメリカの生活に慣れようとせず、日本食や日本映画などにも触れる。

カルチャーショックも留学しないと経験できない貴重な体験です。落ち込みすぎず、焦らず、時が解決してくれるのをゆっくり待ちましょう。

また留学が終わり、日本へ帰国した際に逆カルチャーショックを経験するかもしれません。

症状は、孤独感、アメリカに戻りたい衝動、日本に対する怒りや不満、疲労感などです。対処法は音楽や映画などアメリカ文化に触れる機会を多く持つ、日本の何が受け入れ難いのか紙に書いてみる、留学体験者に相談してみる、などです。

2章

どこでも生活できる自由を手に入れるために

世界中で必要とされるスキル

日本はすでに海外の市場に頼らなければビジネスが成り立たなくなっています。社内言語を英語化する企業も増えつつあり、日本人にとって外国語のマスターは必須事項になっています。当たり前ですが、日本語しか話せない人と日本語と英語を話せる人、日本語と英語と中国語を話せる人では、入ってくる情報の量と内容は圧倒的に違います。

世界の言語の百科事典といわれているEthnologueによると、世界中で711の言語が話されているそう。母語として世界で一番話されているのは中国語で、次いでスペイン語、英語になります。中国語、スペイン語、英語のトリリンガルになると、世界人口約70億人のうち約21億人（30％）とコミュニケーションが取れる計算になります。

また英語は世界の共通語として196か国のうち137か国で母語として使用されていますが、将来は中国語が世界の言語になるのではというくらいシェアを広げています。

また、スペイン語ができると同じラテン系のポルトガル語やイタリア語の習得が早いとも聞きますし、南米の国々でビジネスの市場を開拓するのに最適です。

■母語話者数による世界の言語トップ25（2019年版）

	言語	主要国	国数	話者数
1	中国語	中国	39	13億1100万人
2	スペイン語	スペイン	31	4億6000万人
3	英語	イギリス	137	3億7900万人
4	ヒンドゥー語	インド	4	3億4100万人
5	アラビア語	サウジアラビア	59	3億1900万人
6	ベンガル語	バングラディシュ	4	2億2800万人
7	ポルトガル語	ポルトガル	15	2億2100万人
8	ロシア語	ロシア	19	1億5400万人
9	日本語	日本	2	1億2800万人
10	ラフンダー語	パキスタン	6	1億1900万人
11	マラーティー語	インド	1	8310万人
12	テルグ語	インド	2	8200万人
13	マレー語	マレーシア	20	8030万人
14	トルコ語	トルコ	8	7940万人
15	韓国語	韓国	6	7730万人
16	フランス語	フランス	54	7720万人
17	ドイツ語	ドイツ	28	7610万人
18	ベトナム語	ベトナム	4	7600万人
19	タミル語	インド	7	7500万人
20	ウルドゥー語	パキスタン	7	6860万人
21	ジャワ語	インドネシア	3	6830万人
22	イタリア語	イタリア	14	6480万人
23	ペルシャ語	イラン	30	6180万人
24	グジャラート語	インド	7	5640万人
25	ボージュプリー語	インド	3	5220万人

Ethnologue 22nd edition

英語をはじめ日本語以外の言語ができると、仕事や生活をする場所を日本以外にも選択できるので、自分がやりたいことに対しての自由度が高まります。もちろん、住むのは日本国内でもいいわけです。東京でも田舎でもリゾート地でも、あなたが望む場所で自由に仕事をして、家族と過ごすのです。

つまり、自分のライフスタイルや仕事にあった居住国（税制、医療制度、教育など）を選べる力が重要だと思います。グローバル化の中で自国だけに留まり、外国人を受け入れない鎖国的な考え方ですと、世界の国々からどんどん取り残されていく恐れがあると感じます。

少子高齢化と人口減少問題

多くの有識者が警鐘を鳴らしていますが、近い将来、日本では人類史上どの国家も経験がしたことのない急激な人口減少と高齢化が進みます。欧米など世界の先進国でも高齢化問題はありますが、同時に人口激減という問題は抱えていません。

日本では戦後、人口が爆発的に増えて高度経済成長を遂げて、国内の市場が拡大したため日本人を相手に商売していれば成長できました。しかし今後は人口が激減するため、外国人相手に商売をしていかなければなりません。

世界的な投資家であるジム・ロジャーズは著書『お金の流れで読む日本と世界の未来　世界的投資家は予見する』（ジム・ロジャーズ著・大野和基訳／ＰＨＰ新書）のなかで、

「もし私が一〇歳の日本人だったとしたら、日本を離れて他国に移住することを考えるだろう。三〇年後、自分が四〇歳になった頃には、日本の借金はいま以上に膨れ上がって目もあてられない状況になっている。一体誰が返すのか――国民以外、尻拭いをする者はいない」

と言っています。さらに、

「実際、日本が消えてしまうといってもそれは一〇年、二〇年後のことではない。いま中年の大人たちが老人になった時でも、日本の国庫には老齢人口を支える資金くらいは残っているだろう。しかしその後、いま一〇歳の子どもたちが四〇歳になる頃には、彼らの老後を保証する金は尽きている」

と述べています。

国連による主要国の人口増減データによると、世界全体では２０１５年から２０５０年までの35年間で人口が32・３％増加すると予測されています。アメリカは20・９％の増加、一方、日本は15・１％の減少になります。また、国立社会保障・人口問題研究所による日本の将来推計人口によると、２０１５年に１億２７０９万５０００人いた人口が、２０６０年には９２８４万人（26・９％減少）、２０６５年には８８０７万７０００人（30・７％減少）になり、65歳以上の老齢人口比率が38・４％と約４割が高齢者になります。

このままいくと日本の経済はものすごい勢いで縮小すると言われており、子どもの数が増えずに高齢者が増え人口が35％も消滅すれば、誰の目にも日本経済は生産性を向上させないかぎり衰退していくのは目に見えています。

さらに『２０３０年世界はこう変わる』（米国国家情報会議編、谷町真珠訳／講談社）によると、

「国連の人口分析の専門家は、総人口に占める子供（０～14歳）の比率が30％以下、高齢者（65歳以上）が15％以下のとき、経済が飛躍的に成長する『機会の窓』が開くと見

■主要国の人口増減

	2015年	2050年	増減率
世界	73億4947.2万人	97億2514.8万人	32.3%
アメリカ	3億2177.4万人	3億8886.5万人	20.9%
日本	1億2657.3万人	1億741.1万人	−15.1%
ロシア	1億4345.7万人	1億2859.9万人	−10.4%
ドイツ	8068.9万人	7451.3万人	−7.7%
中国	13億7604.9万人	13億4805.6万人	−2.1%
イタリア	5979.8万人	5651.3万人	−5.5%
ブラジル	2億784.8万人	2億3827万人	14.6%
イギリス	6471.6万人	7536.1万人	16.4%
フランス	6439.5万人	7113.7万人	10.5%
インド	13億1105.1万人	17億5333万人	30.1%
オーストラリア	8545万人	8846万人	0.4%
カナダ	3594万人	4413.6万人	22.8%

World Population Prospects　2015REVISION　United Nations

■日本の将来推計人口

		人口			割合		
年次	総数	0～14歳	15～64歳	65歳以上	0～14歳	15～64歳	65歳以上
2015年	1億2709.5万人	1594.5万人	7728.2万人	3386.8万人	12.5%	60.8%	26.6%
2020年	1億2532.5万人	1507.5万人	7405.8万人	3619.2万人	12.0%	59.1%	28.9%
2030年	1億1912.5万人	1321.2万人	6875.4万人	3716万人	11.1%	57.7%	31.2%
2040年	1億1091.9万人	1193.6万人	5977.7万人	3920.6万人	10.8%	53.9%	35.3%
2050年	1億192.3万人	1076.7万人	5275万人	3840.6万人	10.6%	51.8%	37.7%
2060年	9284万人	9508万人	4792.8万人	3540.3万人	10.2%	51.6%	38.1%
2065年	8807.7万人	8975万人	4529.1万人	3381万人	10.2%	51.4%	38.4%

国立社会保障・人口問題研究所

積もっている。日本は１９９５年で窓が閉じている。アメリカも２０１５年ほどで窓が閉じる。中国も２０２５年と意外に早く閉じてしまう」

とＰ63の表とともに述べています。この表を参考にすると、中国に次いでインド、イランが飛躍的に経済成長を遂げてアジア～中東エリアが世界をリードする最強地域になりそうです。

人口が減少して高齢化している事実は変えようがないので、対策として考えられるのは大きく分けて以下の３つだと考えられています。

・出生率をとにかく増加させる。

■人口構成でみる各国の「機会の窓」

国	2010年の中心年齢	2030年の中心年齢	「機会の窓」が開いていた時期
ブラジル	29歳	35歳	2000〜2030年
インド	26歳	32歳	2015〜2050年
中国	35歳	43歳	1990〜2025年
ロシア	39歳	44歳	1950〜2015年
イラン	26歳	37歳	2005〜2040年
日本	45歳	52歳	1965〜1995年
ドイツ	44歳	49歳	1950以前〜1990年
イギリス	40歳	42歳	1950以前〜1980年
アメリカ	37歳	39歳	1970〜2015年

Sandia National Laboratories,『2030年世界はこう変わる』（米国国家情報会議編/講談社）

・ロボットやＡＩで生産性向上をはかる。
・外国人を積極的に受け入れる。

これまで日本は通訳やエンジニアなど高度な技能を有する外国人は積極的に受け入れてきましたが、単純労働とされる分野では外国人の受け入れは消極的でした。しかし先日、改正出入国管理法が成立し、建設・農業・宿泊・介護などの業種で、これまでの技能実習生に加えて新しい在留資格ができたことにより、就労目的で外国人が家族と日本で生活できるようになりました。ちなみに、国連による世界の移民人口（２０１５年）によると、アメリカ（1位）は４６６2万人、ドイツ（2位）は１２００万人、ロシア（3位）１１６４万人、サウジアラビア（4位）１０１８万人、イギリス（5位）８５４万人、日本（28位）は２０４万人です。

観光や仕事でも外国人がもっと日本に行きたい、住みたい、働きたいと思ってもらえる国になっていくと経済の発展も見込めるのではないでしょうか。僕が在住していたシンガポールは人口５００万人くらいの国ですが、租税の優遇処置を取った結果、欧米人が仕事でどんどん入ってきて急成長をしました。僕は2年ほどの滞在でしたが、知り合いもいない、言葉も通じないような国に一旗あげようと勇気を持ってチャレンジしにくる移民はすごいと改めて思います。さらに、日本では外国人が格好いいスーツを来て都心はもちろん地方都市の街中を歩いているのをほとんど見かけないので、そういう人たちの姿が日本にも見られるようになればと個人的には思います。優秀な学生も来ますし、エリート外国人の子どもたちが通う学校も増えるでしょう。

僕が現在、運営しているインターナショナルスクールの先生は外国人で、例えばプログラミングはインド人の先生です。今後、野外活動など科目を少し増やしたいと計画しているので、教育に携わる者としては、優秀な外国人がどんどん日本に入ってきて国内でグローバル化が進むことを望んでいます。僕は野球が好きなので、メジャーリーガーを夢見る子どもたちを応援できるカリキュラムなども作りたいと思っています。

先送りされる多額の借金

日本は急激な高齢化と人口減少で、2025年には年金暮らしの高齢者1人を現役世代2人で支える社会を迎えます。高齢者は増加する一方なので、社会保障費など政府が財政的に負担する歳出が増え続けていくことになります。

2018年度の日本政府の歳出を見ると、医療、年金、介護などの費用にあたる「社会保障」が全体の約3割、「借金の返済と利息」が約2割となっています。一方、国の歳入を見ると、税収は全体の約3分の2で、残り約3分の1は「新たな借金（国債）」で補填されています。歳出が増え続ける一方、税収は伸び悩み、不足分は毎年日本政府が借金して穴埋めしています。国債や借入金などを含めた日本政府の借金が2019年3月末時点で、1103兆3543億円になり過去最大になったとニュースで発表されていました。このまま現世代が借金を積み上げていくと、年金など将来の世代が受け取

■日本政府の1年間の収入（歳入）と支出（歳出）

2018 年度の歳入

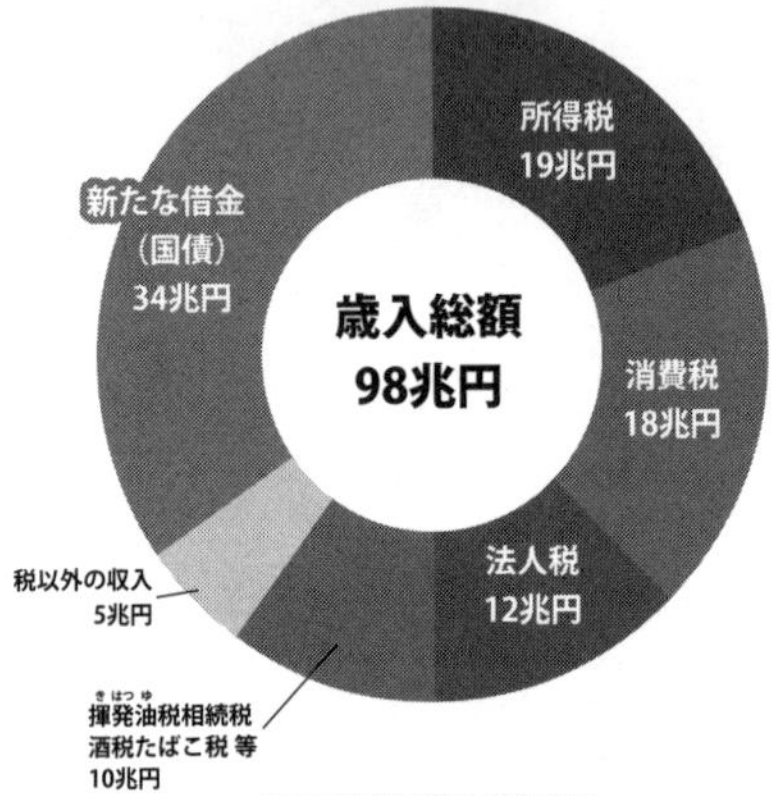

2018 年度の歳出

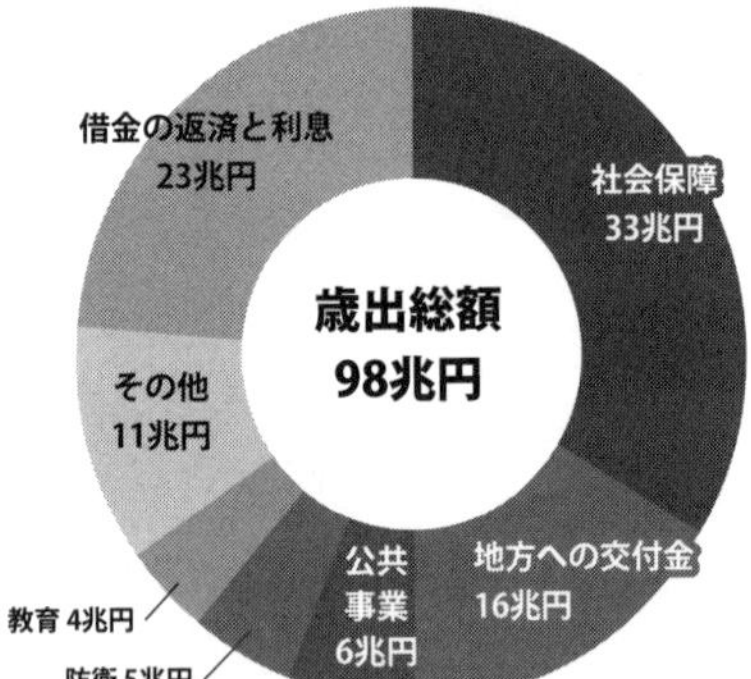

※金額は四捨五入
財務省ホームページより。

れる公共サービスが減少したり、さらなる負担が増加する可能性が大きいと言われており、借金総額が増えることによって政府の信用が低下し、社会不安や不満があふれ犯罪や暴動など社会問題が深刻になることも考えられるそうです。

終身雇用・年功序列を支持する層が約9割

ＯＥＣＤ加盟国の平均年収（２０１７年・１ドル１１０円換算）によると、35か国中で１位ルクセンブルク（約６９４万円）、２位スイス（約６８５万円）、３位アイスランド（約６８０万円）、４位アメリカ（約６６６万円）、５位オランダ（約５８２万円）、日本は18位で約４４９万円です。

先進国の中でも日本の給料は少ないと僕は感じます。

大手企業に就職できたとしても初任給は15～20万円ほどと決まっていますし、１年目はボーナスもほとんどありません。さらに、年功序列の賃金や終身雇用制度のメリットを享受できているのはごく一部の大企業と公務員にすぎず、社会全体ではすでに終身雇用は解体しているのが実態だと思います。年功序列の賃金制度は、若い社員が大量にい

■OECD加盟国の平均年収（2017年）

	国	年収
1	ルクセンブルク	693万6820円
2	スイス	685万1130円
3	アイスランド	679万6570円
4	アメリカ	666万1380円
5	オランダ	581万6470円
6	デンマーク	566万1260円
7	ノルウェー	563万3320円
8	オーストリア	553万8390円
9	ベルギー	546万4250円
10	オーストラリア	540万3860円
11	アイルランド	524万1830円
12	カナダ	523万8420円
13	ドイツ	523万4350円
14	フランス	481万3050円
15	イギリス	481万520円
16	フィンランド	472万6040円
17	スウェーデン	466万3230円
18	日本	449万4930円
19	ニュージーランド	440万4730円
20	スペイン	423万5770円
21	イタリア	403万2380円
22	韓国	387万1010円
23	イスラエル	385万7370円
24	スロヴェニア	384万2630円
25	ポーランド	297万5060円
26	ギリシャ	286万7040円
27	チリ	284円6690円
28	チェコ	279万920円
29	ポルトガル	279万370円
30	エストニア	267万6960円
31	スロヴァキア	267万6080円
32	リトアニア	267万1570円
33	ラトビア	260万5130円
34	ハンガリー	248万3360円
35	メキシコ	168万4540円

OECDデータより、1ドル＝110円で換算

て、年齢や役職が上がるにつれて社員数が少なくなっていくピラミッド型の組織でなければ、上位のベテラン社員の給料を支えきれないからです。一般企業に勤める友人に話を聞いても、社内にはベテランが多すぎて40歳、50歳になっても課長になれない社員や、役職はあるものの部下が一人もいない肩書きだけの社員も増えているそうです。

経団連の会長ですら「経済界は終身雇用なんてもう守れないと思っているんです」と発言していますし、トヨタ自動車の社長も「終身雇用を守っていくのは難しい局面になっている」と述べています。

一方で労働政策研究・研修機構の「勤労生活に関する調査」によると、終身雇用を支持する者の割合は、調査を開始した1999年以降、過去最高の87・9％で、20〜30歳代で終身雇用・年功序列の支持割合が2007年より急激に伸びており、すべての年齢階層で極めて高い支持を得る結果となっています。また、「一つの企業に長く勤めて管理職になる」と「複数の企業を経験して管理職になる」、「独立自営で働く」の3タイプのキャリア形成における支持割合では、20代で「一つの企業に長く勤めて管理職になる」キャリアを志向する割合がここ10年で急激に伸びているようです。

読者のみなさんは、終身雇用や年功序列の賃金制度をほとんどの人が支持していることをどう思いますか？

10年後、20年後、今の会社にいてもどうなっているかわからない時代だからこそ、自分でビジネスをしてみたり、留学をして専門性を高めたり、日本人以外の友人を作ってネットワークを広げるのもいいと僕は思っています。アメリカをはじめ海外では、社会に出て数年間働いたあともう一度スキルアップのために大学へ戻ってくることはよくある話です。

僕が一番恐いなあと思うことは、企業の管理職や行政の官僚や役人など社会全体が高齢者中心の社会になっていくことで、責任回避型の安定志向が強くなり、若い世代もチャレンジしなくなることです。

海外留学は毎日、チャレンジの連続です。

意識が高い人、エネルギッシュな人、変化に柔軟な考え方を持つ人と行動をともにす

■日本の人口ピラミッド

2020年

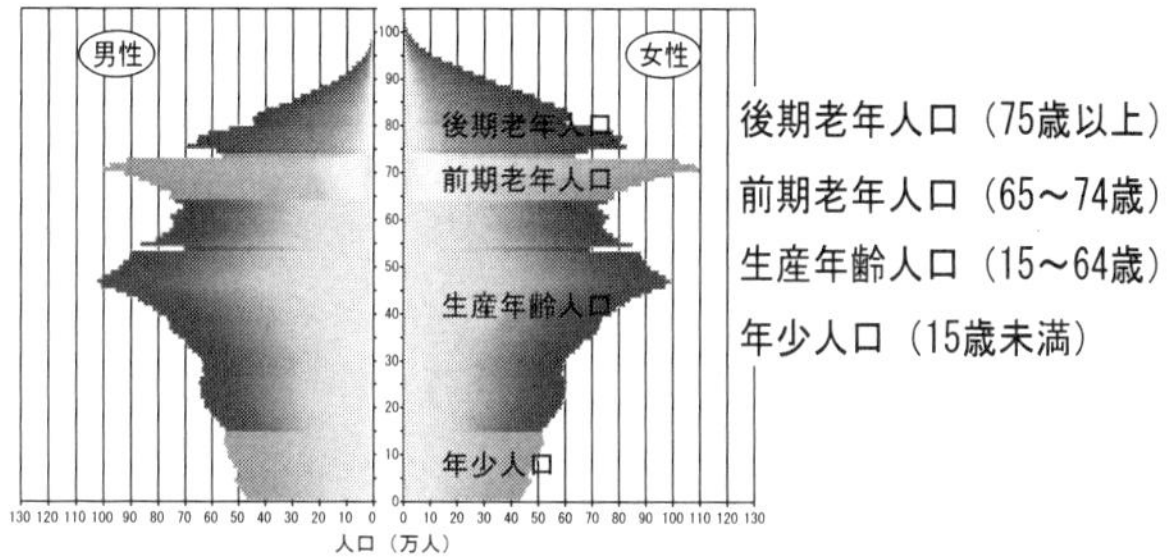

2040年

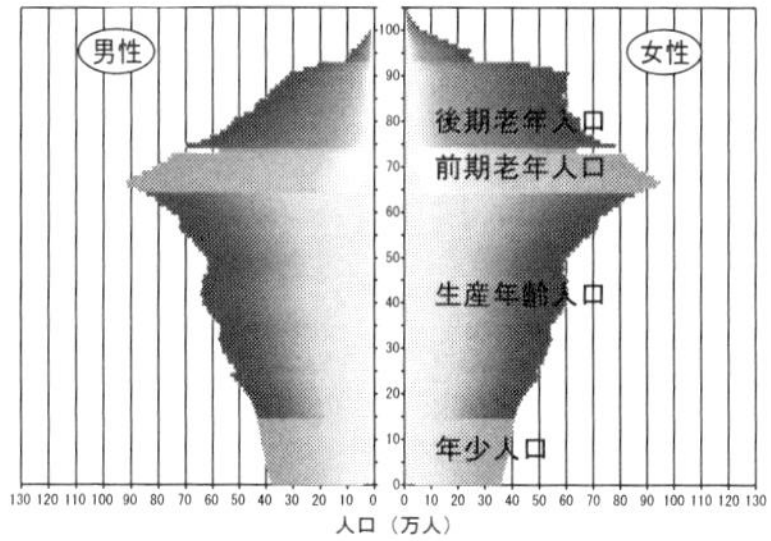

2065年

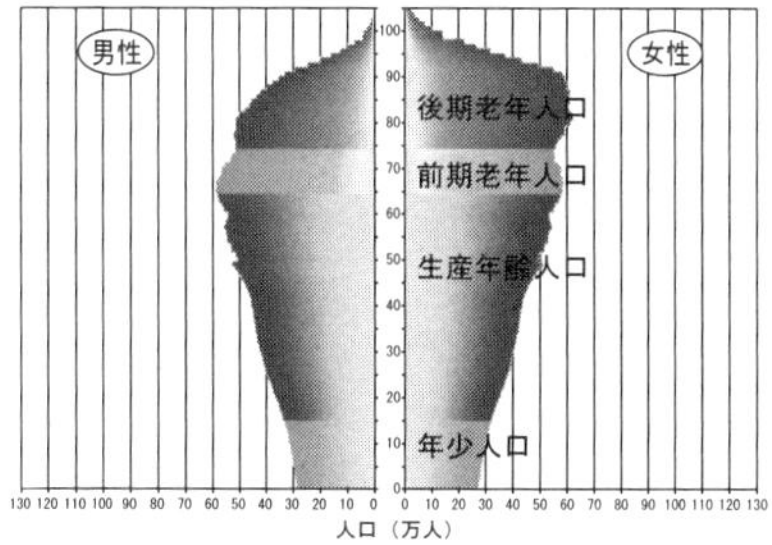

国立社会保障・人口問題研究所
「日本の将来推計人口（平成29年推計）」

ることは大事です。安定志向が強すぎると、主体性が薄れて内向きに閉鎖的になり、視野や行動範囲も狭く縮小していくように感じるからです。グローバル化や多様化が進む現在、国や民族、個人による文化や慣習、趣味嗜好性はさまざまです。日本でもホテルや飲食店、スーパー、コンビニでは日常的に外国人スタッフを見かけますし、勤めている会社の社長が外国人になったとか、所属先の上司や部下、取引先の担当が外国人ということは、普通にあり得る話になってきています。また仕事上でコミュニケーションが必要になってくると、言語だけでなく文化も知らないと対応できなくなってきています。当然パーソナリティは違いますが、触れていい話題やタブー、歴史認識など、同じ出身国の方々は対応の仕方がなんとなく似ています。

また日本人スタッフと外国人スタッフの間でトラブルになりがちなのが、レディファーストの認識の違いです。欧米人からすると女性を大切にする習慣ですが、キスやハグなどのスキンシップの文化と混同されて、日本人からすると過剰でセクハラに思えることも。

慣れていないと、社交辞令なのかそうでないのか、思わぬ勘違いをしてしまうこともあります。

日本ではいまだ副業禁止が多い

今、勤めている会社は副業できますか？

僕が会社員だったころは毎月変わらず給料が15万円の生活でしたので、「副業であと月に5万でも10万でも、がんばったらがんばった分稼ぐことができたらいいのに」と思っていました。

日本の場合、公務員は法律によって副業が禁止されています。民間企業の会社員は、法律によって副業は禁止されていませんが、就業規則等で副業が禁止されていることは少なくありません。本来、社員は会社に対して就業時間のあいだは仕事に従事する義務がありますが、就業時間外はプライベートのため自由に利用できるはずです。

しかし本業に支障をきたした場合、対外的な信用をなくした場合、同業他社で働いた場合など、就業規則によって懲戒処分が妥当だと裁判で判断される可能性がありますので注意が必要です。

一方、アメリカでは副業に関する罰則がありません。

学校の先生をしながら、YouTubeでも授業を配信して報酬を得ていたり、自分で教材やマニュアルを作って販売している人もいます。一般的にオフィスワークをしているアメリカ人もダブルワークは普通にしています。もちろん職種によりますが、例えば高給で知られるゴールドマンサックスに勤めている人が副業をしているかというと、本業の給料だけで相当もらっているので特にやる必要はないでしょう。もしも副業をしているとすれば、純粋に趣味でやっている人がほとんどです。

また共働き世帯が多く、メイドやベビーシッターの需要が多いので、これを副業にする人も多いです。女性は結婚して出産したら専業主婦になるような文化はありません。女性でも博士号を取得したり、教授になる人が少なくありません。日本の場合、東大や京大などには年配の男性教授が多いイメージですし、大企業の役員を見てもほとんど女性を見かけません。

女性が大学院留学するのはいいと思います。アメリカでは女性ということでの制約はないですし、能力主義なので。

アメリカではおそらく副業という概念はないような気がします。僕が学校の先生にアメリカで副業していいのかを聞いたところ、「それはサブワークではなく、すべてがメインワークだ」と言われました。

副業をすれば自分の時間が許す限り働くことができて、収入は増えますし、マネジメント能力もつきます。1つの仕事しかしないよりもいろいろなことに関わっている方が、その人の魅力は上がると思います。

日本でも落合陽一さんみたいに筑波大学の准教授を務めながら、自分の会社を興してビジネスをバリバリやっている人もいます。教育の観点から見ても、彼の生徒は幸せだなあと感じます。生徒からすると座学しか学んでいない教授から学ぶよりも、ビジネスも経験している教授のほうが説得力があります。研究者であり実践者でもある。「理系からどうやって起業して、研究内容をマネタイズしていけばいいですか」と聞けばアドバイスをもらえるわけですから。

アメリカは、個人と会社が日本ほど情でつながっていません。完全に契約社会なので、決められた就業時間内に仕事をしていれば、残りの時間はプライベートなので他の仕事をしようが会社が口を出すことはありません。

また、アメリカでは転職が良いこととされているのが大きいのかもしれません。常に新しい環境でチャレンジすることをよしとする国ですので、失敗にも寛容です。失敗が多いほうが経験豊かで修羅場をくぐり抜けてきたなという評価になります。逆に失敗していないというと、何もチャレンジしてこなかったのかと言われます。

価値あるものに投資をする

アメリカなど海外ですと、資産運用がごく一般の家庭でも普通に行われています。日本の場合どうしても「お金儲け＝悪いこと」みたいな先入観があって、投資の話をすると詐欺なんじゃないかと思われますし、投資とトレードがごっちゃになっている人も多いです。ちなみに投資とトレードの違いは次の通りです。

投資→企業の成長「価値」を見極め、財務諸表や将来性などをもとに、長期保有を前提に株などを買うこと。

トレード→日々変化する株の「価格」を見ながら、市場参加者の心理を読み、短期的に売買のタイミングを図ること。

アメリカではまず貯蓄をして、それを元手に株を買ったり、保険で長期的に運用するのが一般的です。日本の場合、利率が良い商品が皆無に等しいのですが、海外では年利4～5％の商品は普通にあります。アメリカの国債や企業の株の配当なども手堅いですね。

会社員でも経営者でも、貯蓄をして投資に回すという概念が頭になければ、お金を残せない点では一緒だと思います。

月収20万円の人が貯蓄をできない場合、給料が少ないからだと言いますが、たとえ月収２００万円になったとしても、家賃が数十万円する高級マンションに住んだり、ブランド品を買ったり、飲み屋で数十万円使ったりするようになって、結局手元にお金が残らない使い方をするものです。僕が知るかぎりそういう人が多い。なくなったらまた稼げばいいという考えです。貯蓄や投資の考えがある人は、月の収入が少なくても、その中から少額でも一定分を取っておきます。

日本は就職するまで、お金に関する教育がほとんどされてきていません。英語教育でスピーキングとヒアリングを鍛えてこなかったので、英語がものにならないのと似ています。金融やファイナンスの勉強に触れることがなく、社会人になるため、いきなり給料をもらってもどうしていいかわからない人が多いと感じます。

家庭や学校にもよりますが、海外の方がお金に対する教育に触れる機会は圧倒的に多いです。就職する前に、学校でお金の運用や貸借対照表や簿記などの基本は習っています。

お金の教育がされていない、資産運用の仕方がわからない、収入自体も少ないので元手もすぐには増やせない、起業は難しいと思われている、副業もできないので給料以外のフローを増やせない……日本にいるとお金というジャンルで苦労します。

また住宅の価値についても、日本と欧米では全く逆の考え方をしています。

日本→住宅は古くなると傷むので、新しく建て替える。

欧米→住宅は永続的に残していくものなので、使い続けて改良していく。

日本では築年数が経てば経つほど価値は下がり、築30年ともなると資産価値が0円になるのが一般的です。逆に欧米では建物の品質が良く築年数の古いものほど資産価値が高くなる場合があります。そのため、欧米の人々は中古住宅を購入し、資産として住みながら丁寧にリフォームをする楽しみを知っているのです。

余談ですが、ボストンはニューヨークより地価が高いです。学生の街のイメージがありますが、住んでいるのがほとんど大富豪で、家を建てるのに最低30億円くらいします。日本で一番高いと言われる神戸の芦屋にある六麓荘でも10億円弱くらいなので、海外の富豪はケタ違いです。シンガポールもそうです。例えばセントーサ島にある家ですと、そこも最低15億円以上からしか家が買えないそうです。

「学び」に投資する

アメリカでは子どもの教育に対する投資も積極的です。飛び級制度が盛んで、能力があって学びたいと思った子どもにチャンスをどんどん与えます。10代で大学を卒業する人もいますし、15、16歳の子がシリコンバレーでバリバリ働いています。

日本ですと最低限、高校・大学を卒業してから就職するのが一般的で、中学生で働いている子はほぼいません。芸能関係のタレントやスポーツ選手、将棋の棋士くらいで稀です。海外ですとスポーツでも学問の世界でも一芸に秀でている人は、どんどん次のステージへ行けます。「あいつはできるから学校に来なくていいんだ」というのが割と普通に許容されていて、日常に溶け込んでいます。日本ですと「いやいや学校は行かなくちゃだめでしょ」というプレッシャーがあるでしょう。優秀な子であっても、まわりに合わせた授業を受けなければなりません。極端な例かもしれませんが、

・中学卒業レベルの数学を理解している子が、算数の九九を学ぶ。
・帰国子女で英語を普通に話せる子が、英会話でまず使わないフレーズを勉強する。

ということが行われています。僕が通っていた公立の学校は、勉強をがんばったらがんばっただけまわりから冷やかされたり浮いたりしがちでした。同級生でも優秀な子がいましたが、授業中、先生の話を聞かずに先取りして別の内容を勉強して、先生に怒られていました。当時は僕も授業を聞かずに悪い奴だなあと思っていましたけど、いま思うと気の毒です。日本ですと「和を乱すな、みんな一緒に」が美徳とされますけど、でき

る子にとって、すでに理解している簡単なことをじっと聞いているのは苦痛でしょう。その点、アメリカは「できる子、早く学びたい子は早く学びなさい。ゆっくり学びたい子はゆっくり学びなさい。人それぞれでよし」といった雰囲気です。

日本も少しずつ環境が変わってきていますが、自分のためにも子どもの資質を伸ばすためにも、一度海外での生活を体験してみることをすすめます。人それぞれ、才能をのびのびと発揮できる環境にいることがどれだけストレスフリーかを経験できます。

教育を受けて学歴を持つことは、日本に限らず世界中で重要視されています。ただ、いい学歴を得たからといってビジネスで成功するとは限りません。大成功している経営者を見ていても、中卒や高卒の学歴の方はざらにいます。あくまでも学校で良い成績を修めることは、自分の人生の選択肢を増やせるというだけにすぎないからです。

例えば、高校の成績が悪ければ、東大に入学することはできないでしょう。選択肢の一つにもならないのです。一方、成績が良ければ、東大でも他の大学でも選べるし、大学に進学せずに別の道を選ぶこともできるのです。

やりたいことを多く選択することができるという意味では、良い成績を修めることと質の高い教育は重要だと僕は思っています。

アメリカでは、勉強しなくても進級できる、何もしなくても給料がそこそこもらえるという考え方はありません。どれだけがんばってきたかをアメリカでは見てくるので、学歴もそうですし、「何を学んできたのか」「マスターを持っていますか」「博士号を持っていますか」あるいは単純に「あなたは何ができますか？」と幾度も聞かれます。「学校や会社以外で何をやっていますか？」もよく聞かれます。

つまり、あなたの価値はなんですか？　と常に問われ続けることになります。

ずっと目立ちたくない、大勢の中で埋もれていたいと思っていた人からすると、アメリカは厳しい環境かもしれません。アジア人はアメリカでは「人とあまり関わらない、自国民だけでつるんで閉鎖的」と言われがちです。特に中国人がそうですが、日本人も親切で物静か、自己主張が薄いと先生や生徒たちから思われているので、意識しないと存在感がなく「何しにここに来ているの」と言われてしまいます。

友だちもできにくいですし、注目されにくいので、職場では仕事を振られにくい。ただ多国籍のグループで話をしていて感じたのは、日本人も他の国の人もコミュニケーションの取り方はさほど変わりません。

仲良くなっていくと、人をいじって受けを取る人がいるのも同じですし、褒めれば喜ぶのも同じです。笑うツボや人を嫌いになるポイントも似ていて、国籍は違っても同じ人間なんだなあと感じます。しかし日本以上に差別に厳しいですし、宗教や紛争、対立もあるので、言葉を選んでコミュニケーションに気をつける必要があります。

副業を複業にする

２０１８年は「副業元年」だと言われています。これは、厚生労働省が「モデル就業規則」を改訂し、副業・兼業を容認するガイドラインの記述に変更を加えたことにより、副業を解禁する企業が少しずつ増えてきたためです。ソフトバンクやヤフー、ディー・エヌ・エーなどのＩＴ関連企業やリクルート、日産自動車はもちろんのこと、新生銀行、ユニチャームの副業解禁のニュースも話題になりました。副業・兼業を容認している企業は全体の２～３割と言われており、すべての企業が副業を正式に認めているわけではありませんが、会社に隠れて副業をコソコソやるというイメージは薄れてきているのではないでしょうか？

インターネットで「副業」を検索すると、「手軽にできて月数万円稼げる」といった内容がとても人気があるようです。副業といっても様々な種類・タイプのものがありますが、睡眠時間を大幅に削るような仕事はおすすめできません。例えば、本業を終えた後に深夜のコンビニ、カラオケ店、居酒屋のバイト、または週末に引越しやガテン系など体を酷使するバイトです。よほど体力に自信がある人ならＯＫですが、すでに社会人経験がある方であれば、長期間できて体を壊さないもの、さらに自分がスキルアップ、成長できる副業を選ぶのがいいと思います。

僕がおすすめする副業は、「物品販売」と「スキルシェア」の２つです。ファッションやカメラ、フィギュアなどモノに愛着があって売買することが好きな人は「物品販売」から、人に得意なことを教えることが好きな人は「スキルシェア」からスタートしてみるのがいいでしょう。詳しくは後述しますが、資本がほぼゼロから小さく始められてリスクが少ないからです。つまり仕事や留学の勉強が本業なので、副業はあくまでも経験値を積むステップです。1年〜1年半くらいを目安に、無理なく少しずつ自分が定めた副業を育てていくイメージです。あくまでも、短期的にお金儲けをするのではなく、小さく始めた副業をゆくゆくは自分のビジネスにして本業に変えていくステップを取るのです。

続けていくと効果が見えてくるのですが、副業を本業にするステップアップができると、自分のビジネスを1つ持ちながら、別の副業ができるようになります。さらにステップアップすると、自分のビジネスを2つ持ちながら、別の副業ができるようになります。つまり、自分のビジネス＝本業が複数に増えていく「複業」に進化するのです。この複業の段階になれば、自分が注力する本業を1つに絞り、その他複数の本業を信頼できるパートナーに任せるなど、自由に働くことができるのです。

この副業から複業へ進化させる過程で、飛躍的にステージを上げることができるのが「海外留学」です。英語をマスターすることで、「自分のスキル」に「英語スキル」を掛け合わせるとマーケットが格段に広がります。さらに、大学院で、より専門性の高い「自分のスキル」に「英語スキル」が組み合わさると、人脈のクオリティも進化します。

そのため、ある程度のお金と時間を費やしても、海外留学をしてしっかりと英語力と専門性の高いスキルを身につけることが、後の人生に対してとても価値の高い投資だと僕は思っています。

アフィリエイトで利益を出すには1年はかかる

インターネットを使ってお金を稼ぐとなると、まずアフィリエイトを思い浮かべる人が多いのではないでしょうか。アフィリエイトは、自分のブログやホームページに商品の広告を掲載し、サイト訪問者が広告をクリックして、その商品を購入すると、広告主から紹介した報酬が得られるというシステムです。

とてもカンタンにお金が稼げそうに思えるので、初心者が気軽に手を出してしまう方法ですが、誰でも同じように利益が出せるとは限りません。

アフィリエイトで利益を出すためには、集客力がものを言います。

あなたが有名人だったり、アカウントを作るだけですぐにフォロワーが数万人付くような人であれば、すぐに成果が出るでしょう。広告のクリック率はアクセス数の数%と言われています。当然、アクセスをした人がみんな広告をクリックしてくれるわけではなく、それなりに稼ごうとすれば、月間で数十万単位のアクセス数が必要になってきます。

アフィリエイトはある程度収入が得られるようになるまで、早い人で3か月、遅い人で数年かかります。一般的には半年～1年かかるのが普通です。どんな人でもコンテンツを充実させるための記事を増やすのに時間が必要で、読者の目に留まるクオリティの記事が書けるようになる時間、検索エンジンから上位評価を受けるようになるまでに時間が必要だからです。そのため、儲かるという言葉に釣られた初心者が始めてみたはいいけれど、「記事を書いてもほとんど読まれない」「頑張ってもアクセスが増えない」「記事を書いても書いても収益が発生しない」と心が折れて、次第に更新をすることもなく、ほったらかしのブログやホームページの残骸がウェブ上にあふれていきます。

アフィリエイトに必要な知識は、いろいろな書籍が出ているのでそちらを参考にすればいいと思いますが、初心者が陥りがちなことは、どんな分野の情報を提供するかが定まっていないため、ネタに困ってしまうことです。最低限、扱おうとする分野の専門知識やノウハウを学ぶ必要があります。他の人に伝えるだけの経験・ネタが豊富にあれば、文章・ライティングのセンスや集客（SEO対策など）の知識は後からでも補うことができるからです。

一定数以上の集客ができるほど何らかの経験やノウハウが豊富にないと、いきなりプラットフォームを作っても成果を出すことは難しいので、すでに人がたくさん集まっているプラットフォームを利用するのがベストです。どんな初心者でもお金を稼ぐことができるサービスは、大きく分けて2つあります。

・物品販売（モノを売る）……ヤフオク、メルカリ、Amazon、eBayなどを利用。
・スキルシェア（得意を売る）……ココナラ、ストアカ、ミンネなどを利用。

特にネットでの物品販売は、特別なスキルが必要なわけではありません。対面販売であれば、話し方や立ち振る舞いなど接客のスキルや営業力が必要になりますが、顔を合わせないネット販売であれば、営業が素人でも関係ありません。

副業は物品販売から始めてみる

好きなことがない、やりたいことがない、何を始めていいかわからないという人は、まず物品販売（物販）から始めてみるのがいいでしょう。お金を稼ぐという点では、物販は再現性が高く、特殊なスキルが必要なく、誰でも利益を上げることができるからです。本業でも副業でも物販をしている人から月10万円の売り上げに届かないと相談を受けますが、これは方法が下手だと僕は思います。恐らく学ぶべき人が違うか、独学でやっているのであれば、成功している人にしっかり学んだ方がいいと思います。今の時代、正直、物販で月10万円の売り上げを超えるのは簡単です。

これからインターネットを使って稼ぎたい人、独学で始めたけどうまくいっていない人は、商売の基本に戻って、まず王道の「ヤフオク」から始めてみましょう。ご存知の通り、日本最大のインターネットオークションで、誰でも商品を出品したり、落札したりすることができます。年間取引額は約９０００億円、月間の利用者数は１０００万人以上で、毎日多くの人が集まり売買を行っています。

最初に、家にある不要品を何でもいいので出品してみましょう。使っていないパソコンや家電、何年も着ていない服、バッグ、アクセサリーなど何でもＯＫです。実際に利用してみると、集客が不要で個人での取引がカンタン、自分で売って稼いだという成功体験が得られます。

不要品を売ったら、次は転売をしてみましょう。古本屋へ行って１００円の本を買ってきて、ヤフオクやAmazonなどで２００円で販売、１００円の利益を得るという流れです。

商品を安く仕入れて、高く売る方法です。

転売の手法もノウハウがしっかりしている書籍やテキストが多く出回っているので参考にすれば、月10万円の利益は普通に出せます。中古本は利益率が低いので数が必要ですが、家電や高級カメラ、人気ブランド品をはじめ、マニア向けのフィギュアやおもちゃ、骨董品やアンティーク品、限定商品など利益率が高い商品を狙っていくのもありです。

僕は留学中なのでやりませんが、純粋にお金を稼ぐという点に特化するのであれば、海外の免税店で日本人に人気の高級時計やブランドバッグなどを買い、買値より高い値段で売って儲けている知り合いもいます。日本の取り扱いショップで事前にニーズのあるアイテムをリサーチして、海外で買い付けてきます。転売といっても根本的にやっていることは、商社マンと同じです。

人によってはガラクタで1円の価値もないと思う物に、数十万円の価値を見出す人もいます。価値観は人それぞれなので、自分が面白い、楽しいと思えるアイテムに特化して探してみるのもありですね。

出品するサイトは、ヤフオクでもAmazonでもメルカリでも、バイマやeBayなどなんでもいいと思います。

特に英語ができる人であれば、eBayはおすすめです。

eBayの取扱高は約9兆円。世界最大のオークションサイトです。ヤフオクの世界版で世界中の人と取引できるのが魅力。日本に入ってきていないモノやあまり知られていない最新の海外製品やアンティーク商品、レア物の逆輸入品など日本人のマニアに人気があります。eBayで仕入れたアイテムをヤフオクやメルカリで販売したり、eBayを利用する外国人向けに浮世絵や和服、和食器、伝統工芸品など日本ならではの商品を販売してみるのもいいでしょう。昭和時代のレトロなおもちゃも外国人の目には新鮮に映るかもしれません。

ただ転売は商品に愛着があるとか何か思い入れがないと、いくら利益が出ても飽きてしまいます。

例えば、バンド活動の傍らで始めた輸入レコード・CDのカタログ販売をきっかけに事業を大きくし、好きなアパレル販売で成功した株式会社ZOZOの前澤社長のように、自分が好きなものを多くの人にも知ってもらいたい、使ってもらいたいという欲求がある人は、ネットショップの立ち上げにチャレンジしてみるのもいいかもしれません。

転売を続けていると、安定してニーズがある商品ジャンルがわかってきます。自身の趣味を活かしてニッチな商品もわかってくるでしょう。例えば車やバイク、音楽、登山など趣味に関連した商品はアイテムも多くリピート率が高かったり、日本国内に競合が少ないものがあれば、既存のプラットフォームではなく、自分でオンラインショップを立ち上げても集客することができると思います。またマニアックな商品は、そのジャンルに精通した利用者が集まる特化したプラットフォームで販売するほうが高値で取引されることが多いです。例えば、アニメやマンガ、コスプレ商品などいわゆるオタクグッズを扱う「オタマート」。ヤフオクなど総合的なオークションサイトでは、なかなか売れにくいコスプレ商品や同人誌も、オタマートでは高値で売れたりします。ただマニアは当然目が肥えているので、品定めもシビアですし、18禁、アダルト関連の出品はNGです。

個人でオンラインショップを始めるには、特化したもの、ニッチなものを意識するといいでしょう。

在庫を抱えない転売はOK?

物販を始める上で、重要になってくるのが資金です。いくらカンタンだからと言っても初心者が最も気にするのは「仕入れた商品が売れなかったらどうしよう?」というリスクかもしれません。

例えば、3000円で仕入れた商品を4000円で売って、1000円の利益を得ようと思っても、商品が売れなければ在庫を抱えたまま、3000円の赤字になってしまいます。

この在庫を抱えるリスクを回避したいという悩みから生み出された手法が「無在庫転売」です。つまり在庫を持たずに、注文を受けてから仕入れる流れです。

・一般的な在庫販売の流れ
仕入れ→出品→販売→発送

・無在庫販売の流れ
出品→販売→仕入れ→発送

売れそうな商品をメルカリなどフリマアプリに出品（手元に商品がない状態で）し、それが売れたら、Amazonなどの仕入先から購入して、発送の手続きをします。仮に出品したものが全く売れなかったとしても、仕入れをしていない状態なので金銭的には損をするリスクが全くありません。「商品が売れてから仕入れる」ので、資金がゼロでも始めることができるのが大きなメリットです。在庫を持つことがないので、商品の梱包・発送作業もありません。

無在庫販売は、資金ゼロからでも始められるので初心者にとって魅力的ですし、実際にこれまで多くの人がこの手法で利益を上げているそうです。現在、無在庫販売を禁止する法律はなく違法ではありませんが、多くのフリマアプリでは「手元に商品がない状態で出品すること」を禁止事項にしています。つまり、違法ではないが、プラットフォームの運営側から規約違反だと判断されてしまうと、アカウント停止になります。

金銭的なリスクはゼロでも、ビジネスとして長く育てていきたいと考えている人にとっては信用的なリスクを伴いますので十分考慮したほうがいいと思います。

スキルシェアサービスで稼ぐ

自分が得意なことを売り込んで稼げるサービスが「coconala（ココナラ）」https://coconala.com/。登録者数は70万人以上で、会社員やフリーランス、主婦などが利用しています。

カテゴリーが200を超えるスキルマーケットで、販売価格は500円から設定できます。対面だけでなくビデオチャットや電話相談サービスもでき、主なスキルは以下の通りです。

デザイン、似顔絵・イラスト・マンガ、Webサイト制作・Webデザイン、音楽・ナレーション、動画・写真・画像、ライティング・ネーミング、ビジネス相談・代行、集客・Webマーケティング、翻訳・語学、IT・プログラミング、占い、悩み相談・カウンセリング、恋愛・結婚、美容・ファッション・健康、キャリア・就職・資格・学習、ライフスタイル、趣味・エンターテイメント、士業（行政書士・税理士など）、マネー・副業・アフィリエイト、法律相談（弁護士）などがあります。

さらにスキルは細分化されており、例えば趣味・エンターテイメントのカテゴリー内には、楽器演奏の販売、ゲームのアドバイス、オリジナルゲーム販売、アウトドア、アイドル、小説・マンガ・オリジナルグッズの販売などがあります。

ライフスタイルのカテゴリー内には、インテリア・家具のアドバイス、旅行・お出かけのプラン提案、子育てや教育のアドバイス、家計・税金・ローン・保険の相談、生活の知恵・節約の相談、ペットの飼育相談、料理・レシピ・お店の相談などがあります。

その他にも以下のようなサービスがあります。

■総合型

・TIME TICKET（タイムチケット）https://www.timeticket.jp/

個人の時間を30分単位で売買できるサービス。

・ANYTIMES（エニタイムズ）https://www.any-times.com/

プライベートレッスンから家事代行まで、ご近所助け合いアプリ。

■講座・レクチャー系

・ストアカ　https://www.street-academy.com/

教えたい人と学びたい人をつなぐまなびのマーケット。ビジネススキル・語学・ものづくり・スポーツなど定番からユニークな講座まで約3万以上の講座を掲載。

・サイタ　https://cyta.jp/

資格が取れる習い事から趣味のレッスンまでプライベートコーチのシステム。

■語学系

・flamingo（フラミンゴ）https://app-flamingo.com/

得意な言語のレッスンを販売。ウェブやアプリから簡単予約ができ、生徒とカフェでレッスン。

■旅行・体験系

・TABICA（タビカ）https://tabica.jp/

日本全国で暮らす人々の体験をシェア。農業体験や街歩きツアー、モノ作りのワークショップなどホストが得意な体験を販売できる。

語学を活かして高額収入

留学や研修で身につけた語学力は積極的にお金に換えましょう。日本国内では語学が必要とされるシーンがどんどん広がっています。お金と時間を投資してせっかく覚えた語学スキルを必要としている企業や個人は多いので、スキルをさらに磨きながら高収入をゲットしましょう。語学を活かしてできる案件が数多く登録されているのは「Conyac」(https://conyac.cc/ja)。語学に特化したクラウドソーシングで、世界中から約10万人以上のフリーランスが登録しています。企業側は海外進出やインバウンド向けのパートナーとして仕事を発注するケースも多く、簡単な内容から専門的なものまで様々なので、まずは登録してチャレンジしてみましょう。

・翻訳……契約書、ドキュメント・資料、ウェブサイト、電子書籍など。
・動画・音声……文字起こし、動画テロップ作成、音声作成、シナリオ構成など。
・調査・代行……現地情報の調査、現地の写真撮影、購入・登録代行、現地法人の設立など。

・ローカライズ……ゲームやアプリ製作、動作テスト、テキストチェックなど。

海外出張や留学先での現地の情報を欲しがっている企業向けに、リサーチや写真撮影など比較的簡単な仕事から始めてみるのもありです。語学力があり、企業の求める専門性に特化した知識を備えていると希少性が高いので、単価は高額に跳ね上がります。

趣味を活かしてお金を稼ぐ

好きなことややりたかったことで人に喜んでもらい、お金を稼げるのは幸せなことです。個人間でなんでも取引ができる時代、あなたもアーティストやクリエイターになって作品を出品してみましょう。

■絵を描くのが好きな人

・ART-Meter（アートメーター）https://www.art-meter.com/

描いた絵をサイズに応じて測り売りするサービス。実績に基づき、1㎠あたりの単価が決定。登録すると世界111か国から注文が届くので、海外へ委託販売できるチャンスも広がる。「アートを美術館で鑑賞するものからインテリアとして楽しめるものへ」というコンセプトで、画家や購入者同士とコミュニケーションが取れるプラットフォーム作りをしているのも魅力。

■写真を撮るのが好きな人

・PIXTA（ピクスタ）https://pixta.jp/

テレビや動画、出版物、企業PR、ウェブサイト、スマホアプリなどあらゆるシーンで活用できる素材が4250万点以上出品。メディアがイメージ素材として使用したくなるジャンル、女性や犬、インテリア、観光名所などはニーズが高い。風景写真も一目でどこの場所かがわかりやすいものがおすすめ。人物を撮影する場合などは、肖像権や著作権に注意したい。

・Snapmart（スナップマート）https://snapmart.jp/

プロが撮影する作り込んだモノとは違い、一般の人がスマホで撮った何気ない日常などナチュラルな写真素材が多数出品。撮影に関する専門知識や技術も必要なく、撮った素材を並べるだけのカンタン出品が人気を呼んでいる。購入者側はコンテストを開催して欲しい写真を集めることができるサービスも。

■イラスト・デザイン・マンガが好きな人

・Skillots（スキロッツ）https://www.skillots.com/

様々なスキルを持つ人材に相談や依頼ができるサービスをテーマに、全世界で約1万7000人以上のクリエイターが登録。特に人気なのは企業PRやウェブサイトにマンガやアニメを入れる注文も多く、似顔絵イラストの作成もニーズが高い。クオリティの高いイラストやマンガは海外のファンが付くことも。ゲーム音楽やCMソング、BGM、効果音をはじめ、アニメやドラマの声優やナレーションなども。

■ハンドメイドが好きな人

・minne（ミンネ）https://minne.com/

ハンドメイド・クラフト雑貨など約53万人の作家が参加する国内最大級のマーケット。手作りのアクセサリーやファッション、バッグ、財布、スマホケース、インテリア雑貨など約867万点以上が出品されている。デザイン性と実用性が高いアイテムが特に人気。作家がファンや企業関係者と交流できるイベントの開催や作家を育てる企画など運営会社のサポートも手厚い。

■**音楽が好きな人**

・Audiostock（オーディオストック）https://audiostock.jp/

著作権フリーでBGMや効果音などのライセンスを販売するサイト。ゲームやアプリにナレーションを入れたい場合やイベントやクイズなどに使用する効果音、会社案内や各種PR動画に差し込むBGMなどが登録でき、ゲームや映像製作者から依頼を受けることも。

■**アニメ・声優が好きな人**

・VoiP!（ボイプ）https://voi-p.com/

声優専門サイト。アニメやCM、ゲームキャラなど音声のニーズは高い。自分の声を収録した音源データをサイトにアップして、オーディションに参加。合格すると企業から仕事の依頼が入る仕組み。競争率が高く狭き門だが、誰でも無料登録できるのでチャレンジしてみては。

■**動物が好きな人**

・DogHuggy（ドッグハギー）https://doghuggy.com/

出張や旅行などで飼い主がペットの世話をできないとき、ホストファミリーとして預かるコミュニティシェアサービス。飼い主の代わりにペットの遊び相手になったり、散歩やエサやりなどで、犬や猫がほとんど。

■**人に見られることが好きな人**

好きなメイド服やアニメのコスチュームを着て撮影会に参加するコスプレモデルもあり。人気が出れば大きな稼ぎになることも。

■車の運転が好きな人

デイサービスなどの送迎ドライバーや運転代行、レンタカーの回送、宅配便の代行業などニーズが高い。

その他、ガンダムのプラモデルやアニメキャラのフィギュアなどの製作代行の人気が高いと聞きます。細部までこだわった作品はある種のアートとして高値で取引されることもあるそうです。

自転車やバイクが好きな人は、フードデリバリーの代行がおすすめ。特に「Uber Eats（ウーバーイーツ）」は、配達員として一度登録しておけば、好きな時間に働けるのが人気。配達時間は10時〜24時で、スマホのアプリをオンにしておくと、配達指令が届く仕組みなので、スキマ時間に利用してお金を稼ぐ人も多いです。

演技やコミュニケーションが得意な人は、「結婚式の代理出席」や「彼氏・彼女代行」「リア充アピール代行」などの代行サービスがあります。訳があって家族や友だち、恋人のふりをしてほしい依頼者のニーズに応える仕事で、ユニークなものだと、合コンや謝罪などシチュエーションによって様々な代行があります。またドラマで話題にもなった「おっさんレンタル」。他人の悩みを聞くのが得意な人は、依頼者の相談に乗ってあげるだけでお金が稼げます。人生経験が豊富で、趣味や話題が豊富な人はリピート率が高いそうです。

勉強が得意な人は、大学生の「卒論代行」や「レポート代行」、小学生の「夏休みの自由研究代行」をはじめ「宿題代行」のサービスも。

好きなことではなくても、誰かが困っていることを代行するサービスは多様化しています。例えば、「お墓参り代行」。実家から離れていたり、高齢化によってお墓参りをしたくてもできない人の代わりに出向くサービスや、病気の依頼人に代わり災厄を取り除くため八十八か所霊場を巡礼する「お遍路代行」や「御朱印代行」もあると聞きます。

「自分の経験」をコンテンツにしていく

物品販売でも、スキルシェアでも続けてみると、少しずつですが自分なりに稼げるコツがわかってくるようになります。

物品販売は無数にある商品からセレクトしていくので、今世間でニーズがあるものは何か、それを買おうとする潜在的なお客さまはどういう人か、それにどのくらいの価値を感じているのか……、続ければ続けるほど、どんな人でもマーケットに対するリサーチ力は磨かれていきます。

大勢の人が気づいていない小さな変化や世の中の流れを読み、ニーズを的確にキャッチして売れる商品を探してくる人は、どこでも成功すると僕は思います。質の高いリサーチ力は、企画や提案、改善、データ分析などあらゆるビジネスシーンで必要とされるからです。

スキルシェアで得意なことを販売して、お客さまに喜んでもらうと自信が湧いてきます。自分の得意なこと・好きなことを誰かに教えることで、次第に自分のマニュアルができてきます。実は、月◯◯円稼いだという数字よりも、この「マニュアル」つまりノウハウが大事です。

自分の得意なこと・好きなことだけで生活している人、成功している人は、自分のノウハウを上手に育てています。ブログやFacebook、YouTube、LINE、Twitter、noteなどで情報を発信するのも一つです。自分の経験談やスキルが上達する秘訣、成功のコツなどを記事にしたり、SNSに投稿すれば、そのノウハウをもっと詳しく教えて欲しいという人が現れるかもしれません。

自分のマニュアルができるようになると、よりお客さまのニーズに応えたい、有益な情報を紹介したいなどの改善点が見えてくるようになります。もっと勉強をしてスキルアップを考えるようになり、同じ道でより活躍している人や尊敬できる人、成功している人の知識やノウハウを研究してみたくなります。

もっとも効率的に学ぶのは、自分が理想とする生き方をしている人に直接会い、話を聞くことです。セミナーに参加するのもいいでしょう。

僕も会社員だった頃に、脳科学や心理学など科学的な根拠が示されたコーチングと出会い、直観的にすぐその先生のセミナーに参加しようと思いました。半年間にわたる講義で、授業料は１８０万円です。手取り15万円の生活で約２００万円の大金を出せるはずもなく、親に借金を頼むも騙されていると却下。ただ諦めることもできず、親に内緒で銀行のローンを組みました。僕の人生の中で何が一番大きく変わった瞬間かと言われたら、この瞬間だと思います。

セミナー会場は東京で、当時、大阪に住んでいた僕は、月曜から金曜まで仕事をした後に夜行バスに乗って、東京へ行きカプセルホテルに泊まって講義を聴く。そしてまた夜行バスに乗って帰るサイクルを繰り返していました。

セミナーでは常に講師の横に陣取り、エネルギーを体感するように心がけていました。先生の著書に書かれていることを読むのと、直接話している言葉を聞くのでは、感じ取れる熱量が全く違うからです。そしてひたすら質問をしていたのを覚えています。

セミナー受講後、すぐに会社を辞めて上京し、起業をして今に至るわけですが、自分が理想とする人と一緒の空気を吸うことはかなり大事だと改めて実感します。さらにいいのは一緒に行動したり、一緒に仕事をすることです。

極端なことを言えば、24時間その人と同じことをすれば、その人にかなり近づきます。話し方や立ち振る舞い方、仕事に対する思考、住んでいる場所、お金の使い方、ファッションアイテム、価値観を真似ることができると、自分もその人と同じようなライフスタイルを送るようになっていきます。

自分が理想とする生き方をしている人のセミナーに参加したり、ノウハウを学んだら、自分のマニュアルにどんどん反映させていきましょう。古い情報は捨てて、最新の事例や手法を更新してバージョンアップ化をしていきます。自分の経験やノウハウが立体的に厚みが出てきたら、いよいよ自分のコンテンツ作りです。

従来通りに、既存のプラットフォームを利用しながらでも構いませんが、自分でコンテンツを作りながら集客するプラットフォームを作っていくと、その経験もノウハウやコンテンツに変わるのでおすすめです。

3章

大学に行きながらお金を稼ぐ方法

日本人の3つの弱点をキャッシュポイントに変える

現在、アメリカのサンフランシスコに在住しているビジネスパートナーと「アメリカンビジネスクラブ（ABC）」というビジネススクールを運営しています。日本人がもっと自由に可能性を持って海外に出て行ってもらいたいという思いから始めました。このスクールでは大きく変動する国際社会を生き抜き成功するために必要な「英語力」「お金の知識」「投資」をマスターすることができます。

特に次に挙げる3つの弱点を克服できると、日本国内に留まらず、誰でも自由に仕事や生活する場所を選べるようになります。

1 読めるのに話せない英語

海外旅行へ出かけたことがある人なら実感すると思いますが、海外ですと母国語と英語を話せるのが当たり前です。英語さえマスターしていれば就職先は日本だけでなく、世界中の企業から選ぶことができます。それどころか海外で起業だってできるかもしれません。

〝英語を話せない〟というだけで、どれほど可能性を潰しているのかを真剣に考えるべきです。

逆に、英語を話せることで、自分の持っている得意スキルにブーストを発動できます。「美容師」×「英語」、「調理師」×「英語」、「ハウスキーパー」×「英語」、「ライター」×「英語」、「写真家」×「英語」、「アニメオタク」×「英語」、「カウンセラー」×「英語」、「保育士」×「英語」、「Ｗｅｂデザイナー」×「英語」、「ファッションコーディネーター」×「英語」、「ネイルサロン」×「英語」、「ヨガインストラクター」×「英語」、「ツアーガイド」×「英語」、「フラワーアレンジメント」×「英語」、「書道家」×「英語」、「ゲームプログラマー」×「英語」、「お笑い芸人」×「英語」など、英語ができるだけで、どこでも暮らしていけるような気になりませんか？

英語を話せないと、日本以外で生活する選択が取れません。急激な人口減少と高齢化で衰退していく日本で労働環境が悪化していっても、日本語が通じる場所でしか暮らせないので選択できる人生は狭まります。一方、英語が話せるだけで、海外はもちろん日本国内でも必ず仕事はあります。世界的に見ても日本人ほど英語が苦手な国民はいないので、常に英語ができる人材は優先的に求められます。

英語をマスターすれば、仕事や生活する場所を自由に選択する可能性が広がります。

2 お金についての知識がない

海外でビジネスをしている経営者たちと話をすると、英語と同様にダメなのが投資知識で、アメリカの小学生以下だと言われています。社会科の教科書で習うレベル、円高と円安の違いや株式会社の仕組みがなんとなくわかっているくらいで、株価が上がる原理や為替のことは全くわかっていません。

アメリカでは、幼稚園でおもちゃのコインを使って商売の仕組みを遊びながら学んだり、小学校ではバーチャルだけど株の売買をする授業が行われていて、お金は運用するものだという意識が当たり前に根付いています。もちろん一般的な家庭でも当たり前に投資や運用の話をしますし、お小遣いの使い方、例えば10％は貯金、10％は寄付といった教育を小さな頃からしています。

日本では多くの人は、投資が危険だとマイナスのイメージを持っています。もちろん無茶な取引をすれば借金を背負う可能性もありますし、自己破産する人もいます。ただ、きちんとルールを理解してノウハウを学んで始めれば怖いことはありません。

大企業で多額の報酬を得られる役員や部長クラスなら大丈夫だと思うのですが、ごく一般的な会社員の給料ですと、お金をしっかり運用できなければ将来かなりキツイと思います。勤めている会社に定年まで居られるとも限らないわけですし、毎月5万円ずつ貯金をしても30年でようやく１８００万円。

毎月19万円の年金を受け取ることができる、マイホーム持ちの夫婦の老後の必要資金は、20年で約２０００万円と言われていますが、仮に年金が受け取れないとなると10年もしないで貯金は尽きてしまう計算です。

中長期的な投資で成果を上げている人から学ぶことが一番かと思います。

アメリカの成果主義は日本とはケタ違いです。実力があれば驚くほど高額の報酬を得ることが可能です。例えば、シリコンバレーで働くエンジニアの平均年収は1378万円、Uberに限って言えば平均1779万円です。スタープレイヤーになると軽く3000万円を超えるそう。これに対して日本のエンジニアの平均年収は30~34歳で約511万円。プログラムの知識はあるので、プラス英語を身につければシリコンバレーで働くこともでき、起業できればUberやAirbnb、Snapchatなどのスター企業のように会社を成長させることだって夢ではありません。

3 自信がなさすぎる

日本人の自己肯定感の低さは異常です。海外、特にアメリカ人は自分の能力を誇張してナンボと思っているところがあって、自分がいかに優れているかを誰でも「セルフプレゼン」できます。学校の授業でも就職活動でも、会社で上司に自分の成果をアピールする時もそうです。「僕はこれだけ素晴らしいから報酬を上げてくれ」と普通に言えるのです。

彼らは自分の能力を最大限に評価してくれる組織に所属することが当たり前と考えているので、職を転々とすることがネガティブにつながりません。日本だと転職を繰り返していると、実力以前に人間関係に問題があるのではないかなど悪印象につながってしまいがちです。

アメリカ人は、まず自分ができないことなんてこれっぽっちも考えていません。「とりあえずできる！　私ってすごい！　私はアメイジング！」って思える。このパワーを間近で感じていると、「ああ、これじゃ日本人はかなわないな」と思ってしまいます。ただ彼らに引きずられてポジティブにはなります。

おそらく「あなたは、すごい！　素晴らしい！」と褒められ続けて育った人は自己肯定感は高いし、何かをするにつけ親や周りから「それをやってはダメ」と否定されたり、まわりと比較され続けて育った人は自己肯定感が低いと思います。

特に日本人は、「自分は何が好きかわからない」「好きなことをどうやって仕事にするのかわからない」という人が多いと聞きます。日本では、まわりの空気を読む、我慢することが大切な文化とされているため、「好きなことをしている人は自分勝手でわがまま、協調性のない人」だと言われやすい環境です。

小学校に入学してから協調性を学び、勉強でも好きな教科、得意な教科だけを伸ばすよりも、嫌いな教科、苦手な教科を克服しなさいと言われます。そうして、だんだんと好きなことをやらずに、苦手なことをやる習慣が身についてしまっています。親や学校、社会の価値基準に流され、もう自分は何が好きだったのか、何に心が動くのか麻痺してわからなくなってしまうのです。自分らしさが何かわからないのが普通なのかもしれません。

日本人の謙虚で我慢する美徳は素晴らしい資質ですが、嫌なことを我慢してやり続けること、嫌だと口にしないことは、自分を傷つけていることと一緒だと僕は思います。

もう一度、自分は何が好きなのかを深く考えることが大切です。

そのためには子どものころのワクワク感やドキドキ感を思い出してみることです。また好きな人、尊敬できる人、信頼できる友だちの中にも、あなたが何を求めているのか見つけることができるかもしれません。

1日頭を真っ白にして、今やりたいこと、今日してみたいこと、それを心の向くまま素直に試してみることです。しばらくするうちに、楽しくなって続けている何かに気づくことでしょう。それを発信していけばいいんです。

「自分より詳しい人がたくさんいて恥ずかしい」とためらってはいけません。

まずは、詳しくなくても、プロでなくても、自分が好きなこと、楽しいと思ったことをまわりに伝えることが大事です。

海外旅行でも、スポーツでも、映画や音楽、お酒、ゲーム、ファッション、なんでもいいです。好きなことをやり続けてみましょう。いずれ得意なことに変わり、それがあなたの個性になっていきます。

自己肯定感を取り戻すためには、まず「わがままになる」こと。まわりの目を気にせず、好き放題のことをやってみることです。

アメリカはもちろん、日本を離れて海外で生活してみると、わがままな自分を少しずつ思い出すことができるでしょう。

商品・価格・サポート・PRの4つを決めるだけ

海外移住するには、もちろんマインドセットを学ぶ必要がありますし、お金の知識、つまりお金の稼ぎ方と投資に対する考え方も大切です。資産形成はお金持ちだけがすることではなく、一般の会社員の方も必要なことで、貯金だけでは一生労働からは抜け出せず、いつまでたっても同じステージにいるままです。

僕たちの「アメリカンビジネスクラブ（ＡＢＣ）」では、海外移住をしながら無理なくキャッシュフローを作る仕組みを教えています。アメリカは日本よりもビジネスの進化が早く、情報も川上に位置しているため、アメリカから情報を取ることが大事だと考えて、現地に住む僕たちが入手した情報を元に日本へ発信しています。「アメリカンビジネスクラブ」を例に、商品をどのように販売しているか、ざっくりですが紹介いたします。

はじめにやることは、大きく分けて４つです。

・商品を決定する↓アメリカの有益な情報を元に、英語・お金・自己肯定感を高めるためのスクール運営。
・価格を決定する↓入会金と月額制（退会自由）。
・サポートの体制を決定する↓直接会って対面するのか、オンライン上なのか、頻度、交流会などの実施。
・PR手段を決定する↓SNSや電子書籍、ウェビナーの利用。広告も検討。

何も難しくはありません。まず自分たちが売りたい「商品」を決め、次に「値段」、さらにお客さまを「サポート」して、商品を「PR」するだけです。

PRの仕方によって数は変わってきますが、告知をすることによって商品に興味を持ってくださったお客さま（見込み客）のリストができます。

リストの取り方については、人によって異なりますが、僕たちはLINE@を利用しています。

「30代男性」だけでは売れない

今の時代、ユーザーは多様化しています。ひと昔前なら、ターゲット層を「20代女性」「30代男性」とざっくり決めて商品を販売する手法が通用していましたが、現代はほとんど通用しなくなってきています。「アメリカンビジネスクラブ」もターゲットを「30代男性」と設定するだけでは、恐らく売れないでしょう。もっと具体的に届けたい人を想像することが大事です。なぜなら、対面販売と違って、インターネット上では、お客さまになる方の顔が見えないからです。以下のようなモデルユーザー（ペルソナ）を作成して、彼を満足させる形で、商品の内容や価格帯、サポート体制、PRの内容、配信する情報などのサービスを考えていきます。

ペルソナ名：竹山りょう（32歳男性・独身）

ＩＴ企業のシステム販売・営業。主任。勤務地は西新宿で年収〇〇万円。住まいは中野新橋駅徒歩〇分のマンション。年に数回海外出張があるが旅行英会話レベル。自炊で酒は付き合い程度。趣味はマラソンと自転車。車なし。貯金は◯◯万円で、友だちの付き合いで掛け捨ての医療保険に加入。数年前に株式投資をしていたが、現在は興味なし。実家は九州だが次男のため、東京に住み続けるか地元に帰るかは特に考えていない。現在彼女はいないが、結婚したら戸建かマンションを購入したい。ハワイに住む憧れはあるが仕事を考えると現実的ではないと考えている。

例えば無料のメルマガ情報には、アメリカの情報だけでなく、マラソンをしながら聞き流せる音声データを提供しようとか、資産運用でiDeCo（個人型確定拠出年金）の概要を流してみたり、ふるさと納税のネタを挟んでみるのも喜ぶかもしれません。ハワイの語学留学の情報などもいいと思います。

ペルソナを設定することで、お客さまになる人がどういう価値を求めているのか、どういう動機で商品を買ってくれるのかを想像できれば、価値が伝わりやすくなるでしょう。LINE@やメルマガで情報を配信する際も、文章の内容だけでなく配信する時間などにも気が回るようになります。さらに、一人ではなくチームで動く際にも、お客さま像を共有できるメリットがあります。

見込み客が「行動する」ように導く

ペルソナがイメージできたら、どのように見込み客を育成するかを検討します。LINE@では、最新の洋書の紹介やビジネスに関する教育内容を流しています。基本的なことから応用できることまでいろいろです。例えばSNSを使ってリストを獲得する方法など、登録していただいた方に有益だと思う内容を繰り返し紹介していきます。

見込み客の育成は以前から企業の課題でしたが、ここ数年大きな注目を集めるようになっています。売り手と買い手の関係が、

・買い手→欲しい商品の情報や利用者の体験や感想など、インターネットですぐに入手でき比較、検討しやすい。
・売り手→新商品を開発しても、類似商品がすぐに市場に出回り、優位性があまりない。

であり、モノが売りにくい時代になっています。そこで、売り手は優位性を保つため

に、将来のお客さま候補となる見込み客にも接近して購買意欲を高める工夫をすることで、より多くの営業機会を見出そうとしています。

例えば、夏休みに家族で映画を観に行く予定を立てる際に、「トイ・ストーリー4」を選ぶとします。これはテレビのCMだったり、街中のポスターやスマホで観ている記事に差し込まれているバナー広告を見ていたり、ママ友同士だったり子ども同士の口コミから情報が入って、チケットを買う行動をしているわけです。これが教育です。

映画配給会社や広告代理店、メディアが見込み客に「トイ・ストーリー4」のチケットを買って映画を見るように、絶えず教育をしています。さらにウッディやバス・ライトイヤーなどトイ・ストーリーのおもちゃやグッズも購入する教育も実施しています。家の中に「トイ・ストーリー4」のアイテムが増え、日常的にそれらに囲まれているうちに、「最近ディズニーランドに行っていないから、次の休みに行こうか」となるかもしれません。高い視座で考えてみると、これらはすべてディズニーの教育です。

誰もが耳にしたことがある大企業のほとんどが、資本を投じて毎日至るところで、見込み客に対して教育を行っています。

つまり、規模は小さくてもあなた自身の商品も将来お客さまになってくれるかもしれない人たちに教育していかないと、誰があなたの商品を買いますか？　買いませんよねということです。あなたが何をしている人なのか認知している人はほとんどいません。しかしたとえ無名でもコツコツと教育を繰り返していくと、見込み客のリストの中では先生になることができるのです。だからこそ、あなたはLINE@のリストに向けて、自分が伝えたいノウハウや考え方を毎日なり毎週なり送ることが大切です。続けていくと、興味がない人はスルーしたり、フォローを外しますが、送られてくる内容を興味深く読んでくれるファンも出てきて、次第にリストが強化されていきます。

リストが強化されてきたら、商品のＰＲ記事を織り込んで送ります。日々あなたのノウハウや考え方に興味を持っているファンなら、買ってみようかなとリアクションをする確率が高まるでしょう。

これはダイレクトレスポンスマーケティングといって、情報の受け手に「返信」という行動を促す手法です。テレビＣＭでいえば、ジャパネットたかたの通販番組もそうですね。商品の機能性や便利な点などを紹介して、映像の下部に購入はこちらまで「０１２０－＊＊＊＊－＊＊＊＊」と案内が出ます。何気なく見ている広告に対して返信というアクションを起こさせるのです。

基本的なことですが、ダイレクトレスポンスマーケティングの3ステップを以下にまとめておきます。

1　集客（リスト取得）
Webサイトや SNS、広告を用いて、LINE@やメールアドレス（リスト）を登録してもらうページに案内。読者にとって有益な情報を「無料」プレゼントして、その代わりに「名前」や「アドレス」を登録してもらう。

2　情報提供（教育）
LINE@やメルマガに登録してくれた読者に対して、購買意欲を高めるための教育を実施。

3　販売
購買意欲が高まった見込み客に商品を販売する。

売り込みではなく情報を提供

例えば、FacebookやTwitterで「僕の商品はとても素晴らしいです。本当に役に立つんです。買ってください」と売り込みの発言ばかりしていると嫌われるでしょう。自分のことばかり話す人よりも、面白い話をしてくれる人や知らない情報を惜しまず教えてくれる人、あなたの話をよく聞いていて相談にも乗ってくれる人、共通の趣味で盛り上がる人と友だちになりたいと思いませんか。ＳＮＳも一緒です。

商品を売ろうとするのではなく、関係性を作ること。そのためにＳＮＳを利用していると考えましょう。見込み客というよりも友だちと接する感覚に近いと思います。

友だち同士で、プロ野球の話や好きなアーティストの話で盛り上がっているときに、突然、生命保険の話をする人が割り込んできたらどうですか？　興ざめですよね。友だちだったとしても、「あいつ呼ぶと面倒くさいから誘うの止めよう」となってしまうでしょう。ＳＮＳも同様でせっかくフォローしてくれても、押し売り的な記事を連発していると、関係性を作る前に敬遠されてフォローを外されるでしょう。

　では関係性を築くにはどうしたらいいでしょうか？

　まず自分から腹を割ることです。仕事だけでなく自分がどういう人間か個人を出すことです。休日にスポーツ観戦へ行ったとか、家族と食事に出かけたこと、最近読んだ本など、あなたの人柄が見えてくる発信をする。社会の中で個人を発信することはとても勇気がいることです。上司や同僚の目を気にする会社員やママ友同士のやり取りが面倒くさくなってSNSをやらない、見るだけで発信しないという人も多いと聞きます。

　しかし世界中の人がスマホを通して価値観を共有する時代、自分らしく個を発信できる人、楽しんでいる人のまわりに情報や人がどんどん集まっていくでしょう。

　逆に個性を出さなければ選んでもらえない時代になってきているということです。

　関係性を築きながら、友だちにおすすめのネタを紹介するように、フォローしてくれている読者に対して、有益な情報を提供していきましょう。

　僕は自己啓発やビジネス書、モチベーションアップにつながる名言が好きなので、自分がいいなあと思うものをピックアップして紹介したりしています。

　日常生活の中で、あなたのことを考えてもらう時間を少しずつ増やすことで、存在感が高まり、商品の売り上げにもつながりやすくなります。

■立体的に情報を提供していく

①接触頻度を落とさないようにする

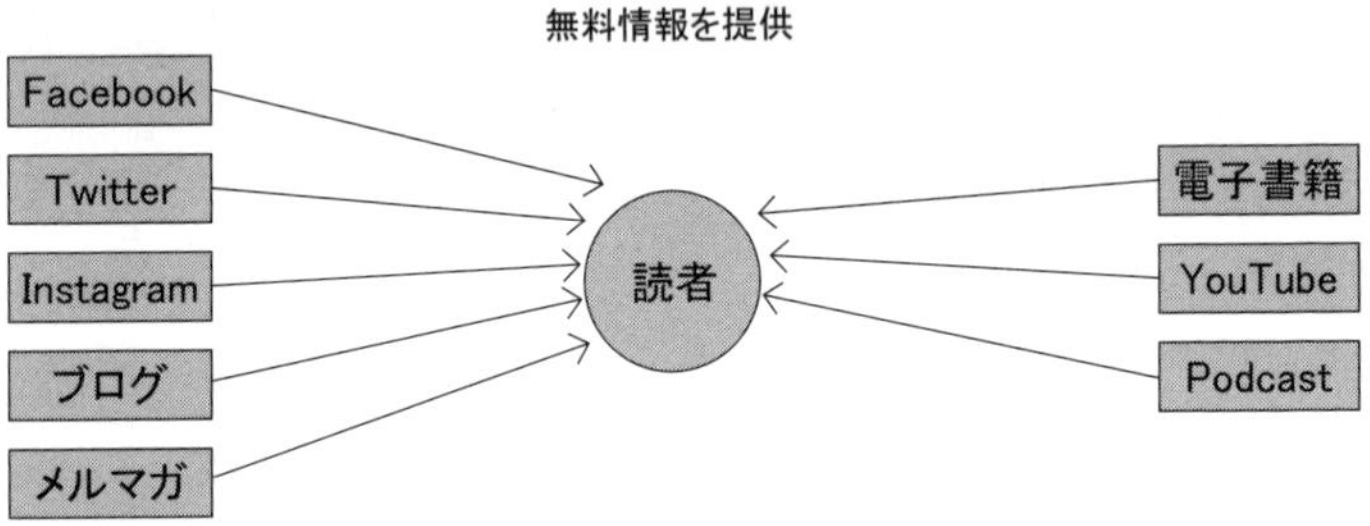

②考え方やノウハウを試してもらい、リアクション（登録）をもらう

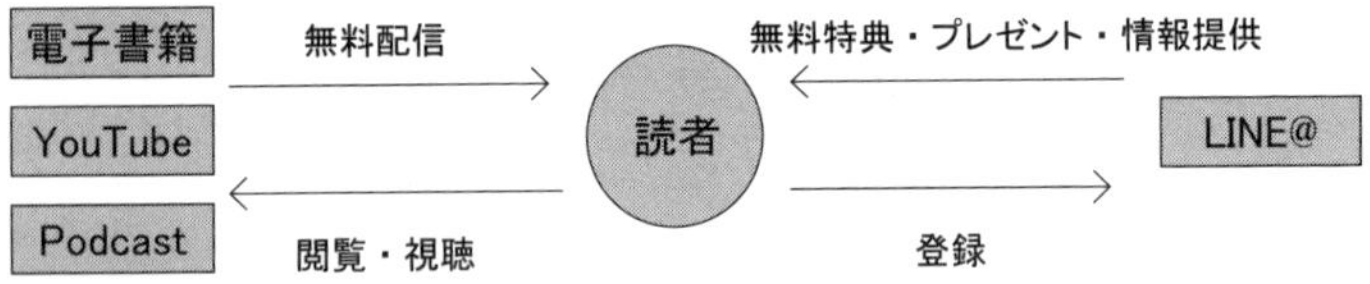

③商品のPR

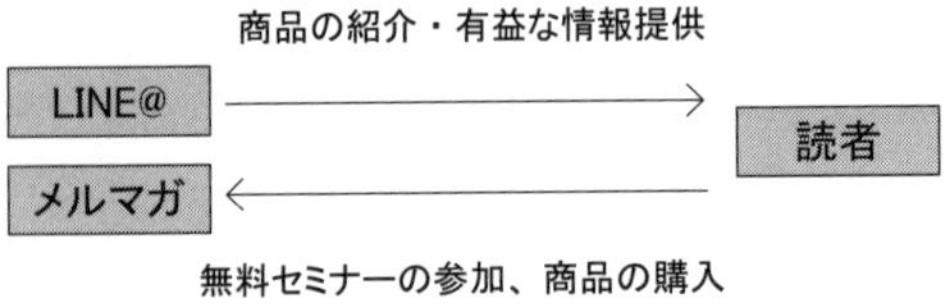

留学はお金持ちしかできないのか？

先日SNSで高校生が「留学は結局金持ちしかできない、貧乏人にはできない」とツイートしているのを見かけました。もし本当に留学をしたいと思っているのに、このような発言をしてしまっているなら、まだ10代でいくらでも可能性があるのに、もったいないないなあと感じました。

この高校生が生活している環境がどのようなものかはわかりませんが、実際に留学したことがある人や海外に住んでいた人が近くにいれば、考え方が少しは変わると思います。

オーストラリアやカナダ留学なら、ワーキング・ホリデー制度により一定の就労は認められています。国によって語学学校へ通える期間の制限はありますが、最初の3か月間で語学を学び、残りの9か月間をアルバイトやボランティア、旅行をするのが一般的になっています。バイト先でも現地の言語を使用するので、語学力はつくと思います。

一方、アメリカ留学となると、学生ビザでは働くことがほとんどできません。では、どうすれば良いのか。

・日本で働いて留学資金を貯める。
・給付型の奨学金制度を利用する（または、貸与型で就職後に返済していく）。
・社費留学のある企業へ就職する。
・日本からの収入源を確保する仕組みをつくる。

などが考えられます。

単純にその国で働けないなら、時間は少しかかりますが、英語の勉強を進めながら、日本で収入源を確保する仕組みを作っておき、それを継続すればいいわけです。

そうすれば、留学期間中もキャッシュフローが途絶えることなく毎月日本から収入があり、日本で過ごすのとあまり変わらない状態を作りだせます。

これだけオンラインが発達している時代ですから、オフィスワークは当たり前ではありません。

どこにいても働ける環境が主流になりつつあり、自分のブランドを構築したいなど、もし何かしらの夢があって海外へ渡りたいと考えているのなら、日本にいるより海外で勝負して、その様子を発信していくなどアイデアと工夫次第で可能性は広がると思います。このことは高校生に限らず、大学生や会社員、子育てがひと段落した女性、セミリタイアしているシニア層にもあてはまります。

また、アメリカですと、マスターやPh.D.を取得すると日本企業とは比較にならない高収入の企業への就職も有利になりますし、起業家よりも稼いでいる会社員はザラにいます。

お金がないから自分には無理だと卑下し、夢を叶えるために留学し行動している人たちをお金持ちだからと妬む前に、自分だからこそできるあらゆるオプションを常に考えて、自分の夢と使命を全うしましょう。

「〜している」を増やしていく

もしやりたいことを我慢していたり、なかなか行動に移せないと思っているならば、次の話で少しでも背中を押すことができればと感じます。

人は1日約4万回、頭のなかで対話していると言われますが、そのほとんどがネガティブな内容だそうです。

「自分は失敗ばかりだ」「仕事もミスするんだろうな」「上司に大事な契約を任されたけれど、多分この契約断られるだろうな」と、自分の中で発した言葉は頭の中であたかも現実に起きたことのようにイメージされます。契約場所で契約相手に会っている自分を想像して、この契約はお断りだと先方に言われている映像が鮮明に浮かんできます。すると落ち込んでいるマイナスの感情が沸き起こります。

マイナスの言葉を発すると、マイナスの映像が出てきて、感情もマイナスになります。逆に、プラスの言葉を発すると、プラスの映像が出てきて、感情もプラスになります。

トップアスリートやビジネスで成功した人たちも、つらいことやマイナスがあってもすべてプラスに捉える練習をしているのです。例えば、ケガをして試合に出られなくなっても、「休養をとってこれからケガをしない体づくりをしろってことだな」とか、自宅に強盗が入った時、「留守中に入ってくれて良かった。家族と鉢合わせしていたら命の危険があったかもしれない、ラッキーだった」と、端から見ると不幸でネガティブな出来事でも本人はポジティブに捉えています。
はじめはなかなかできませんが、練習して、マイナスなことを言った瞬間にプラスに変えるクセをつけましょう。自分に投げかける言葉をポジティブに変えるだけでも、人生はあなたが望む方向へ変化していきます。

なぜなら自分の思考がどんどん行動に変わっていくからです。そして行動には3種類の動機があります。

①強制的動機→恐怖に基づく（～しなければいけない）
◯◯しないと怒られる。部活で練習しなければいけない、留学のために勉強しなければいけない、仕事をしないといけない、ノルマを達成しないといけない、会社に行かないといけない、お金を稼がないといけない。

②建設的動機→価値に基づく（～したい）
やりたいことの動機が決まっている。留学してスキルアップしたい、勉強したい、海

外でいろいろな人と交流したい、お金を稼ぎたい、仕事をしたい。

③決定的動機↓行動に基づく（〜している）

すでに行動している（しかけている）状態。留学してスキルアップしている、勉強している、海外でいろいろな人と交流している、お金を稼いでいる、仕事をしている。

「〜しなければならない」は、選択の余地がありません。自分の意思がないところで仕事をしていたり、行動させられていると自己肯定感が低くなります。給料のため、生活のため、家族のためと言い聞かせるしかなくなります。

「〜しなければならない」の時間を少しずつ減らして「〜したい」を増やしていきましょう。

ただし、「〜したい」では、まだ行動ができていない状態です。

楽しいことしたいなあ↓今は「楽しくない」と言っているのと一緒。

海外留学したいなあ↓今は「海外留学していない」と言っているのと一緒。

お金をもっと稼ぎたいなあ↓今は「稼いでいない」と言っているのと一緒。

「〜したい」の時間を少しずつ減らして「〜している」を増やしていきましょう。

今はできていなくてもいいんです。すでに「〜している」と自分に言葉を投げかけて、「〜している」映像を頭に思い浮かべて、その場面のポジティブな感情を呼び起こします。

すでに「アメリカへ留学している」↓「◯◯大学のキャンパスで各国の友だちと雑談している」↓英語で話せて楽しい、嬉しい。

すでに「留学しながらお金も稼げている」↓「留学先の自室でインターネット電話を使って、日本の大学生に英会話のレッスンをしている」↓経験やスキルを伝え、感謝されて楽しい、嬉しい。

やりたいこと、好きなことを「すでに〜している」と自分に対話していると、知らないうちに現実もそのようになってくるので、楽しみにしていきましょう。

人生で一番不幸だと思うことは、やりたくないこと、嫌いなことでうまくいくことだと思います。

「英語を話せる」や「お金を稼ぐ」は目的ではなく手段

勉強法でもお金の稼ぎ方でも、やり方は世の中にいろいろありますけれど、思考の部分、つまり根底のマインドセットを変えておかないと、どんなにいいノウハウを手に入れたとしても瞬間的に成果がでるだけで長続きはしないのが現実です。

よく「英語を話せるようになりたい」とか「お金をたくさん稼ぎたい」という相談を受けますが、こういう人はまず長続きしません。なぜなら、「英語を話せる」や「お金を稼ぐ」は目的ではなく、手段だからです。

最も大事なことは、まずやりたいことや行きたい先が何なのか、自分の心を見つめることです。

例えば、「家族と一緒にアメリカで経済的にも不自由のない生活を送りたい」から、そのために、英語を話せるようになって、お金を稼げる仕組みを作っておきたいという考え方です。

「○○がやりたい」ので、1000万円稼ぐ、1億稼ぐ、10億稼ぐという順番です。

「勉強だけの目標」「お金だけの目標」ではなく、どんな人生を送りたいのか、誰とどのような暮らしをしたいのか、社会の中でどうありたいのか、バランスよく「仕事」「人生」「社会」「家族」において目標を持つことが重要です。

・「自主制作で映画を撮影して劇場公開したい」ので、1000万円稼ぐ。
・「世界中から優秀な学生が集う大学を創設したい」ので、1億円稼ぐ。
・「無人島を入手してリトリート施設をつくりたい」ので、10億円稼ぐ。

などです。

目標は、誰に止められても、親や自分の大事な人（メンターレベル）に止められても、妨害を振り払ってまでもやりたいことであり、かつとんでもなく高い目標を掲げることが大切です。

そうすることで誰に止められてもやり続けることができます。さらに目標が高いので、現在地とのギャップがはっきりします。常識とか普通という枠から外れるので、本来自分が居心地がいいと思っていた環境からかけ離れたところに設定されるので怖くなります。自分の今ある現状を破壊してまで、本当に自分はその領域に行きたいのかと思ってしまいます。

現時点では、そこへどうやってたどり着くかはわからないけれど、自分の現状より遠いところに目標を設定して、自分を近づけていくイメージです。

すると、日常のいたるところでネガティブになりがちな思考をポジティブに変換するクセがつくようになってきます。常に現在から未来を見るのではなく、未来から現在を見る視点を持つようになってくると、実現できる可能性が高まります。

「AだからB」と思い込んでいる思考を、自然に「BだからA」に変換しやすくしていくのです。

・「お金がないから、留学できない」→「留学するから、将来お金が稼げる」
・「休みがないから、旅行に行けない」→「旅行に行くから、休みを取る」
・「自信がないから、結果が出ない」→「結果を出すから、自信がつく」

・「忙しいから、料理ができない」→「料理を作るから、ゆっくり食事ができる」

人はどこまでも自分が思うところまで行けるので、ポジティブに思考するクセを脳に刷り込ませて、あとは欲望を解放してやりたいことを設定するだけです。

最近の統計では、副業の月収が7万円で、多忙により体調を壊す人が出ているそうです。

やりたいことを副業ではなく本業にしてしまったほうがストレスは減ります。

一度決めてクセをつけると、知らず知らずのうちに「海外に住みたい」と思っていると海外に住めますし、会社を経営したいと思っていると関連する情報や人のそばにいて、いつの間にか会社を経営しているものです。

達成した時のイメージを映像化することで、脳に錯覚させて、臨場感を与え、自然と体が動くように仕向けるのです。素敵な勘違いではないけど、セルフイメージを高めて、信じ込ませるのです。

逆に自分にはできないというイメージが少しでも入ると、有益な情報や人脈を遮断してしまうので、自分にはできるというイメージにフォーカスしていくと人脈や方法、情報が自然と入ってくるようになるので、人生が好転していきます。

『富を軽蔑するような人間を信用してはいけない。富を得ることに絶望した人間が富を軽蔑する』

イギリスの大哲学者であるロジャー・ベーコンの言葉です。お金は本質的に社会的な力であり、社会の評価でもあります。スポーツ選手や俳優は、顕著に成果が報酬に表れますね。

堂々とお金の価値を正しく受け止め、お金を手にすることを前向きに受け止めないと、心も収入もますます貧しくなります。

私はもちろん、お金を得ることを第一目標にしているわけではありません。

仕事を成功させること、偉業を成し遂げること、教育業界に変革を起こすこと。それが大いなる力になっています。お金は手段であり、自分の人生を生きるためには必要になってきます。

もし、今がつらいと感じる場合は、自分は成長しているタイミングだと思いましょう。

現在の自分では越えられない壁に挑戦している時に、人は苦痛やストレスを感じます。苦痛やストレスを感じないと人は成長しないからです。環境も変わらずプラスのスパイラルに入っていけないからです。

もし今いる環境のまわりの人たちが「そんなのは無理だ」「できないに決まっている」「やめたほうがいい」と言われたとしても、あなたが行こうとする先にいる、新しく出会う彼らはあなたの夢や希望を否定しません。自分の人生を生き、自分の人生を謳歌している彼らもまたあなたと同じような道を歩んできたからです。

自己肯定感を高める

まわりや他人の影響で、自分の良さがつぶされることはよくあることです。

自分は「できる」と思っていても、まわりの人に「君にはできない」「センスがない」「やめたほうがいい」などずっと言われていると、「できないのかも」と自分の行動にストップがかかりやすくなります。

自分の潜在能力、持って生まれた才能を発揮していくには、まわりが何と言おうと、「自分は素晴らしい」「自分は価値ある人間だ」「自分は◯◯ができる人間なんだ」と自分の良さを認める自己肯定感を高めてあげることが大事です。

特に日本人は謙虚さがあって、相手から「君、すごいね」と褒められても、「いやいや自分なんてすごくないです」と反応する人がほとんどです。これは自分の才能を無意識に自分で否定し、押し殺してしまっています。

相手から「君、すごいね」と褒められたら、まず「ありがとう」「おかげさまです」と言うクセをつけましょう。シンプルですが効果大です。自分を褒めてくれた相手に感謝の意を伝え、自分自身にも感謝を伝える言葉だからです。

自分が存在している価値を褒めて、認め続けることが大切です。自己肯定感が高いと、自分が求める人脈や情報、チャンスを引き寄せます。自分を大事にできる人は、相手を大事にできる人です。相手を大事にできる人は、自分を大事にできる人だと知っているからです。

一方、自己肯定感が低いと、チャンスが目の前にあっても飛び込んでいけず、いろいろな言い訳を探して掴みにいけません。懇親会やパーティーで自分が求める理想の人や憧れの人が目の前にいても、話しかけに行かない、質問をしないなど自分から近づくことをやめ、離れようとします。知らない人やすごい人ばかりだと気後れして、新しいことを学びに行こう、吸収しようという行動に向かわず、ストレスになって居心地が悪くなります。居心地の良さを求めて、気心知れた友人や今までと変わらない人間関係に安心します。

小さな子どもたちに「夢は何ですか？」と質問すると、サッカー選手になりたい、ケーキ屋さんで働く、プロ野球選手になる、オリンピックに出たい……など、なんのしがらみもなく、現実的にどうなのかを考えない答えが返ってきます。子どもたちが思っている常識の中では、「できる」と思っているわけです。それが成長していくにつれて、まわりの人の言葉によって現実的ではないからできないとか、遊んでばかりいると将来困るから勉強しなさいとか、いい大学に入らないと食べていけないよとか、余計なことを言う人が出てくるわけです。

人はどこまでも行けます。子どもは、とんでもないスピードでどんどん伸びていきます。

子どもが寝る前にポジティブな記憶を持てるように、親が「今日は何かいいことあった？　楽しいことあった？」と質問して、子どもに何度も楽しい思い出や嬉しい場面を想像させて話をさせると、自己肯定感が高まります。さらに、「明日楽しみなことある？何をするの？」と、子どもたちが自分から「セルフトーク」→「映像化」→「ポジティブな感情」がわき起こるようヒアリングすることで、子どもの頭の中では、未来を鮮明に色付けする習慣がつきます。

北京オリンピックで8冠、オリンピック5大会でメダル28個（金23・銀3・銅2）、世界選手権でメダル33個（金26・銀6・銅1）を獲得した、史上最強のスイマーと称されるアメリカのマイケル・フェルプス選手も、水泳を始めた子どもの頃から今に至るまで、毎晩寝る前に、「自分はできる」とセルフトークをして、オリンピックで金メダルを取る場面をイメージし、感情を高めていたそうです。野球のイチローやサッカーの本田圭祐選手をはじめ世界で活躍するトップアスリートはみな、未来を決めて、なりたい自分の姿をイメージして近づけていく習慣を身につけていきます。

次の2点を意識するだけでも、自然と自己肯定感は高められます。

・誰にも夢や希望を邪魔させてはいけない。
・自分に約束したことは守る。

逆に、どんな小さなことでも自分に約束したことを守らないと自己肯定感は下がります。なので、むやみに約束をせず、大きなことを1つだけ約束するのもいいかもしれません。

また、留学は自己肯定感を高めるチャンスです。特にアメリカは、自分大好き、人の目を気にしない、空気を読まない国だからです。

自分でやめると選択しない限り、あなたは自分が約束した未来の姿に近づいていきます。人が何を言おうとも、自分は「成功の途中なんですよ」と自分自身を信じてあげましょう。

自分が見たい世界に変える

一般的にはマインドは固定されています。自分はどういう人間か、育ってきた家庭環境や学校教育、友人・職場関係など過去の延長でマインドが構築されていくわけです。

現在の自分を打破したいならば、今セットされているマインドを修正しないと、当然、新しい自分に生まれ変わることはできません。マインドセットを修正することができれば、現在の状況に留まる必要が全くなくなります。

しかし、ほとんどの人にとって自分のマインドセットを変えることは不安や恐れがあって難しいことです。例えば、海外留学をしたことのない人にとっては「異国の地で生活することができるかな、費用も結構かかるし、自分は変われるのかな、これから自分は飛躍していけるのかな」など不安だと思います。ただここで思考を変えないと、これまでと同じ思考回路で生活していくことになるので、結局何も変わらず同じ人生を過ごしていくことになります。

貴重な時間とお金を投資してまで、留学しようと決断しただけでも、その人のなかでは何かが弾けたわけです。

これまでの生活の中では会わなかった多国籍の人々と生活をともにして、日本では経験できないことをたくさん学ぶことで、マインドセットは変化します。

人間は見たい情報だけを見て（ロックオン）、見たくない情報や興味のない内容は無意識に遮断しています（ロックアウト）。

例えば釣りが大好きな人、釣り場情報や最新の道具、釣り仲間を求めている人の前に、英会話スクールの案内チラシや留学情報の雑誌や書籍が山のように置かれていても、情報を取り入れようとしていないのでスルーすると思います。基本的にマインドセットで「釣りがしたい」と思っている人は、釣りの情報が入ってくるようになっているけれど、「英会話」や「留学」の情報は入らないのです。「カナダでフライフィッシング」という情報は入ってくるかもしれませんが。

人は、見たすべての情報を取り入れてしまうと大量すぎて脳が爆発してしまうので、自分のなかで必要と思われるものを自動的にフィルターをかけて情報を取り入れているのです。

その人のマインドセットにより、無意識に見たい情報をロックオンし、関係がない情報をロックアウトしています。

あるセミナーで参加者が10人いたとしても、10人が同じ会議室の景色を見ているわけではありません。ある人はホワイトボードに集中していたり、ある人は講師のしゃべり方に注目していたり、ある人は講師のファッションが気になっていたり、見えている世界が人によって違います。

このことは授業の途中、参加者に目をつぶってもらい、いくつか質問をするとはっきりします。「講師は腕時計をしていましたか?」「この部屋に赤いものは何がありましたか?」など。すると回答はバラバラになります。

同じ部屋にいても見ている世界が違うのは、それぞれのマインドセットが違うからです。

目の前で明らかに自分の視野に入っていても、脳の中では自分にとって都合のいい情報以外は取り入れていないのです。

人は自分が見たいようにしか世界を見ていないということです。

自分のマインドセットの中で、「目標は○○」「ゴールは○○」と聞かれた時に即答できるくらい定めていないと、あなたの脳は昨日と同じ過去の延長線上の情報しか取り入れないので、結局同じような生活が続くのです。

だからこそ、本当に自分の生活を変えたいと思っているのであれば、自分の見える世界を変える必要があります。

これまでのマインドセットを修正して、取り入れる情報を変える、あなたに関わろうとする人間関係を変えることです。

自分がなりたい姿に近い人をモデリングするのもいいでしょう。

目標やゴールを定めてマインドセットを変更すると、それに関わる情報や人間関係を見るように脳がロックオンされるので、目標やゴールに関係する情報や人しか寄ってこなくなります。

これから起こりうる過程には、楽しいこと以外にもつらく苦しいことも出てくると思いますが、先に目標や未来を設定していれば、すべて自分のゴールに向かって進むイベントになります。どんなできごともゴールを達成するためにクリアするイベントだと考えるようになるのでポジティブになっていきます。

マインドセットの修正によって、見たいテレビ番組にチャンネルを変えるように、自分の見たい世界にチャンネルを合わせて、リアリティを形成して人生を決めていきましょう。

「自分を世に出す」心理的ハードルを超える

留学したい人が準備をしながら、勉強法や留学に必要なことをリアルにSNSなどで情報発信するのはいいと思います。僕は、英語の学習を毎日の習慣にするまでがかなりきつかったので、継続してモチベーションを維持するための記録方法として、また留学をしようとしている読者・フォロワーに向けて役に立ちそうな情報を紹介していくことにしました。実際、自分が留学を決意したときは、TOEFLテストを受験しなければならないことすら知らなかったですし、I-20（入学許可証）も知らなかったので、大学のカタログを読むのも苦労しました。

ＳＮＳのアカウントをつくって、一記事書いて投稿してみただけでも大きなチャレンジの一歩です。

インターネットを使って積極的に自己表現をしている人やビジネスのＰＲに利用している人にとっては当たり前のことでも、一般的にはＳＮＳのアカウントを持ってない人や誰かの投稿を見るだけの人も多いです。

Facebookや Instagram、Twitterは、簡単にアカウントをつくれるので、ハードルはかなり低いです。しかしハードルが低い分、他の人も参入できるので差別化に工夫が必要です。

日本にいて日本の話をしてもあまり注目をされませんが、実際に海外留学した現地からの情報発信は新鮮でインパクトがあります。これから留学やその土地で生活しようと考えている人にとっては求めている必要な情報です。アメリカのスーパーでの買い物の仕方や食材の表記の見方、シチュエーションごとの会話事例、留学生の１日密着、学食などキャンパスの紹介、病院など緊急時の事例のほか、海外で人気のファッションや健康法、ダイエットフードなどのトレンドをチェックしたいというニーズも高いです。文章や写真だけでなく、YouTubeの動画配信もいいですね。

仕事で車を運転しながら、ランニングをしながら、料理をしながら、◯◯しながら聞き流せるPodcastもニーズがあります。音声を録音するだけですがWordPressを使う必要があります。

まずは留学の準備をしながら、情報発信するコンテンツづくりを少しずつスタートしてみましょう。「留学に向けてこんな勉強法をはじめました」「この教材はスピーキングの上達に効果的です」「こんなことで苦労しました、困っています」「出願に必要な書類はこれとこれ」など、自分自身が準備を進める上で経験した内容を紹介していくのです。

はじめて留学をするあなたの経験は、はじめて留学をしようとする別の誰かの役に立つからです。

大きな流れとしては、「留学の準備をＳＮＳなどで発信していく」→「海外留学する前に、フォロワーが増える」→「留学先の現地で、新鮮な驚きをリアルタイムで発信していく」です。

情報を発信することで、少しずつフォロワーやあなたを応援する人、同じ目的を持つ仲間や信頼関係を結べるパートナーなど、あなたが進んでいこうとする世界に関する情報や人が自然に集まってきます。そこで得た情報をまた発信していくというプラスのスパイラルが次第に生まれてくるのです。

ここで意識していただきたいのは、ＳＮＳなどインターネットを利用してお金を稼ぐということです。あなたが経験して得た情報は、誰かの役に立ち、報酬を得られる素晴らしい価値があるということを体感してほしいからです。

Facebookや Instagram、Twitter、ブログで留学先の写真やコメントを投稿しながら告知をしていきましょう。少しずつ「無理のない範囲でやってみようかな」くらいの気持ちでいいと思います。

■主要な SNS の利用者数と特徴

	国内利用者数	海外利用者数	属性		拡散性	特徴
Facebook	2800 万人 / 月	22.3 億人 / 月	20 ～ 50 代	男女とも幅広い	○	実名制なので信頼性が高い。友だちの友だちまでリーチできる。国内では 10 代の利用が少なく、最近では 20 ～ 30 代の利用率も低下。世界全体では右肩上がりで利用者数が増加している。
Instagram	2000 万人 / 月	10 億人 / 月	10 ～ 30 代	女性が多い	△	若い女性を中心に利用者が急増。画像中心のため拡散しにくい。投稿にはアルゴリズムが導入されている。特に 10 ～ 20 代で大きく伸びている。
Twitter	4500 万人 / 月	3.3 億人 / 月	10 ～ 40 代以下	特に若い世代が多い	◎	140 字の制限で気軽に投稿できる。# ハッシュタグ利用、リツイートで拡散性が高いが、匿名やサブアカウントも多く炎上しやすい。特に 10 ～ 20 代の利用者が多いが、30 ～ 40 代も利用者が増えている。
LINE	7600 万人 / 月	2.1 億人 / 月	10 ～ 50 代以上	男女とも幅広い	×	個人間、グループ内でのメッセージ交換が主になるので、拡散性がほとんどない。1 日 1 回以上利用したユーザーの割合は他の SNS と比較してずば抜けて高い。国内の利用者数は右肩上がりで増加、特に 40 ～ 60 代の利用が増えている。

総務省情報通信政策研究所「平成 29 年 情報通信メディアの利用時間と情報行動に関する調査」および各企業の媒体資料を参考に作成。

僕の場合は、

・FacebookとTwitter→初対面の人に向けて、自分が誰なのかを知ってもらうための名刺的なプロフィール用。

・電子書籍とYouTube→コーチングやマインドセットなど自分が実践して効果があるノウハウや考え方を紹介。それを読んでくれたり聞いてくれたりした方は、僕に少なからず興味を持ってくれている潜在的なお客さま。顧客リストを取りやすく、有益な情報やサービスを積極的に提供する場。

ライティングの力量があれば、電子書籍はおすすめです。文章を書いて、Amazonセラーセントラルでアカウントを取得すると、簡単に出版できます。無料版でも有料版でも価格設定は自由です。

ビジネス書や自己啓発書を読んでいると、結構自分でも書けそうだと思いますが、いざ実際に自分で書いてみると文章を書くことはとても難しいです。会社員で議事録を書いたり、論文を書いたりするのとは違いますし、日記のように思ったことを書き連ねても、読者からは「で？」と突っ込まれて終了です。

インターネットの向こう側にいる属性がバラバラに異なる人たちに対して、統一して何を書くか、アイデアや工夫が求められ、面白い部分でもあります。

はじめたころは見ず知らずの人からＳＮＳで絡まれたりして、メンタルが鍛えられました。今は一緒にコラボしましょうとか、謎のボランティア団体から寄付してくださいという売り込みが増えました。

小さな商売をはじめてみる

何をしていいかわからなければ、せっかく留学に向けて英語の勉強をしているわけですから、まずは英単語集を販売してみるところからチャレンジしてみるといいかもしれません。

『社会人留学！これだけ覚える英単語１０００』みたいな電子書籍を作ればいいと思います。材料は、実際に留学準備を進めると必要で頻度の高い英単語にぶつかるので、そ

■留学準備で目にする英単語（例）

AcademicYear	授業が始まる月から、翌年の授業が終わる月までの1学年間。
Application Form	願書。
Assistantship	大学院生に与えられる奨学金の一種。
Bulletin	大学要覧。各大学のウェブサイト上にある大学案内、catalogとも。
Commencement	卒業式。
Course Load	1学期に取る単位数。
Final	期末試験。
Full-Time Student	大学が取り決めた単位数の授業を履修している学生。留学生はすべてフルタイムの学生。⇆Part-Time Student。
Grading System	成績評価法。Aが最も良い、Bが良い、Cが平均、Dが平均以下、Fが不合格の5段階。
Ph. D.	Doctor of Philosophy（博士号）の略。学術研究向けの最高学位。
Residence Hall	学生寮。Dormitoryとも。
Semester	1学年間を2期に分けた学期制度。一般的に、秋学期は9月、春学期は1月から始まる。
SEVIS	Student and Exchange Visitor Information Systemの略。米国国土安全保障省 操作・取締り局（ICE）が管理するデータシステム。
Transcript	成績証明書。
Transfer	他の大学に転・編入学すること。
Tuition	大学の授業料。

れらをピックアップしてまとめてみてはどうでしょうか。または、TOEFLやIELTSのテストに特化して厳選した英単語集などです。

自分で作ったモノをPRして、販売してお金を得る。つまり商売です。

実際に試してみることで、商売やお金に対する心理的ブロックが外れる効果はありますし、うまくいくのかいかないのかはチャレンジしてみないとわからないからです。商品を購入していただいたお客さまとご縁ができたり、購入には至らなくても「面白いことをしている人がいるな」と思ってコンタクトを取ってくれる人と出会うなど、新しい展開が生まれたりするかもしれません。

商売の基本は、「売り上げ」＝単価×顧客数です。

目標5万円であれば、単価5万円の商品を作って1人に販売するのか、単価2500円の商品を作って20人に販売するか、単価100円の商品を作って500人に販売するのかです。

また一度目標を5万円と決めたら、売り上げを達成するまで続けることが大事です。最初はハードルが低くてもいいので、自分で一度決めた約束を必ず守ることに意味があります。

どんな小さなことでも自分で決めた約束を守らないと、自己肯定感が下がるからです。自分を卑下すると、やっぱり難しい、参考にした本の説明が良くないいんじゃないか、成功している人が特別なんだ……と、達成できない理由を他に求めるようになります。

逆に、どんな小さなことでも自分で決めた約束を守ることをクセにする習慣ができた人は、どんどん自己肯定感が上がります。

「お客さんが買ってくれた、有難いな」「自分の商品を認めてくれてうれしいな」「結構奥が深いぞ」「なかなか目の付けどころが良かったぞ」「もっと喜んでくれるサービスができないかな」とポジティブなスパイラルになっていきます。

その他にも「海外留学」×「英語」でできそうなことを以下に紹介します。これに「好きなこと」を組み合わせると、あなたの価値がブラッシュアップされて、ユニークさ、オリジナリティが出るのではないでしょうか。

■留学に必要な単語集、フレーズ集

単語集はいろいろなものが市販されていますけど、留学に必要なものこれだけと絞り切った本。アメリカでも日本語の単語集が売っていますが、最初のほうのページに英語で「かかと」を何と言うかなど人生でそれほど使う機会があるのか疑問に思う単語がけっこう載っています。それよりは、まず「足」でいいんじゃないでしょうか。優先度のかなり低い単語が載っていると非効率なので、セレクトされた内容のニーズは高いと思います。

■Podcastでラジオ番組作成

Podcastは、いつでもどこでも無料で聴けるインターネットラジオのようなもので、iPhoneにはじめから搭載されているアプリで、ニューヨークタイムズやNHKニュースなどが聴けます。英会話の番組を入れて勉強したり、料理や筋トレなど何かをしながら情報が得られるのでニーズは高いです。個人でもWordPressを使えば簡単にチャンネルを作れます。

そこに音声を配信して公開するだけです。僕の場合は、自分で音声を録音してメンタルとかモチベーションのコーチングを配信しています。声優さんのように声に特徴がある人やしゃべるのが好きな人は積極的に利用してみるといいでしょう。アニメや映画、スポーツなど、同じような趣味を持つ外国人やビジネスとしての対談でも座談会でもして、その様子を編集して音声配信（YouTubeも）すればいいと思います。大学のキャンパス内にも同じような趣味を持つ友だちを見つけることは難しいことではないと思います。英語であれば世界中にいる大勢のファンが反応することもあります。

YouTubeで留学チャンネルを作成

テレビで配信されている情報番組の海外版です。テーマを決めて、キャンパス内や街中でインタビュー取材をして、映像を編集して配信するのもおもしろいと思います。カメラを持って大学のキャンパスで学生たちに、今流行っている美容アイテム、メイク術、ダイエットフード、ファッション、ステーショナリーアイテム、学食の人気メニュー、学生寮の様子、留学生の1週間の過ごし方などテーマはいくらでもあると思います。

スーパーなどでの買い物の仕方や医療機関、公共施設の利用方法、アパートの借り方など、留学生や現地で生活しようとしている人にとって役に立つ情報はたくさんあると思います。

■日本にいるビジネスパーソンと連携、ジョイント

留学先の現地のリアルな情報を求めているのは、留学を考えている人だけでなく企業やビジネスの市場を広げたい経営者も同じです。そういう人に対して、海外担当として留学先から情報やコンテンツの提供ができます。

フードコーディネーターの資格を取得している友人は、日本の健康雑誌や地方新聞の生活欄で美容と食事に関する記事を執筆していたり、日本のある健康食品のモニターとして現地の友人たちと一緒にアンケート調査を実施する仕事などをしています。ニューヨークに住んでいる友人は、日本のテレビ局や番組制作会社がロケをする際に、ガイド兼運転手のアルバイトをしていたり、日本人の富裕層向けに投資対象になりそうな不動産物件情報をリサーチしている人もいます。また日本では手に入りにくい一部のマニアに人気がある商品を販売したり、逆に海外で人気のある日本製品を販売している人もいます。

留学先ではある程度英語ができるようになると、本業の勉強・研究に支障がでない範

囲内で、いくらでも日本にいる人と仕事をすることができるわけです。

■WEBサイトでのアフィリエイト

自分で留学準備情報や英語勉強法などのサイトを作成して、グーグルのアドセンス広告を貼ったり、関連商品を販売したりして収益化を図る方法もあります。旅行代理店や語学学校、留学斡旋業者など報酬が発生するものもありそうですね。

通常のアフィリエイトは、商品や商材をお客さまに購入してもらわないと報酬が発生しないのですが、グーグルアドセンス広告はクリックされるだけで報酬が発生します。表示される広告はあなたのサイトの記事内容に適したものやネット検索者が興味を持っていそうなものが自動的に表示されるので、あなたはただあなたが持っている知識・ノウハウ・趣味・好きなことを記事にしてサイトにアップしていけばいいだけです。サイトを開設して記事を書いてアクセスを集めるだけなので、知識のない未経験者でも収益を出せるようになります。

↑コクリポのホームページ

■帰国時にセミナーや海外からウェビナー

留学していると「夏期休暇で帰国するときにあわせて、現地の話ちょっとしてよ」といった感じでちょっとした講演やセミナーに呼ばれやすくなります。僕の場合はまわりにビジネスをしている経営者が多いので、相手の仕事と組み合わせた内容で声が掛かっています。

留学している専攻内容や属性などにもよりますが、みなさんのまわりにもあなたが留学を終えて帰国した際に、あるコミュニティやセミナーなどで体験談を話してほしいと声が掛かるかもしれません。

また、最近ではインターネット上でセミナーを配信するウェビナーも人気です。開催者は会場をレンタルするコストや時間が掛からず、参加者は場所を選ばないので参加しやすいメリットがあります。録画配信ではなく、リアルタイム配信の場合は、チャット機能を活用して視聴者と双方向のコミュニケーションをとることも可能です。日本にいるのと変わらず、留学先でもオンラインでセミナーを開催することができます。当然、英語がある程度できれば、開催者であるあなたがアメリカ、参加者はオーストラリアにいるということも可能です。

◎ウェビナーができる主なツール
・コクリポ　https://www.cocripo.co.jp/
・GigaCast　https://powerlive.logosware.com/
・V-CUBEセミナー　https://jp.vcube.com/service/seminar

命の次に大切なお客さまリスト

江戸時代、商売人は火事になった時、家財道具には一切目もくれず、真っ先に顧客帳簿を懐に抱えて逃げたそうです。顧客帳簿さえあれば、無一文になろうとも、何度でも商売ができ再起を図ることができるからです。

海外に興味がある日本人はたくさんいます。彼らの求める情報を発信し、興味のある人に登録してもらうことで、お客さまリストが充実していくと思います。これが財産になるのです。特に欧米に住んでいると日本人のニーズに応えやすいと思います。さらに旅行ではなく、現地で生活を送る人ならではの情報を提供できるのはリアルタイムで学んでいる留学生だけです。

日本の大学院に通う学生が日本の情報を配信するよりも、海外の大学院に通っている留学生がその国の情報を配信する方がニーズは多いので、差別化とブランディングが比較的簡単にできます。

日本の情報でも英語や中国語など他言語をマスターしている人であれば、日本に留学や旅行をしたい外国人向けに発信すれば、ニーズはかなりあると思います。

海外で生活していること自体がブランドになり、日本にいるよりもリストが充実しやすくなります。

お客さまリストがあれば、自分が発信しているテーマに合った商品を宣伝することができます。自分で商品を開発するアイデアが見つからなければ、Amazonなどアフィリエイトリンクをしている企業を利用して、ＴＯＥＦＬの過去問題集や単語集、電子辞書などを販売すればいいと思います。

僕の場合は、電子書籍やメルマガの中にLINE@のＩＤをリンクとして貼り、興味がある人は登録する仕組みです。LINE@は、１０００人以上ですと月額５４００円払う必要がありますが。

前述したように自分が経験して得た留学に必要なマニュアルや勉強法をまとめて、Amazonの電子書籍で出版するのもいいですし、ブログやサイトでＰＤＦの冊子として配布する方法もあります。販売価格を０円として、興味を持ってくれた読者の方がアクセスできるリンク先を作っておき、そこで集まったリストを元にアフィリエイトをする流れも基本的な商売の形です。

リストがあると、自分の商品がなくても、人気の商品やコンテンツを販売している人の営業代行をして報酬を得られます。

商品内容と単価にもよりますが、だいたい100人に案内して成約に至るのは2〜3人です。

SNSの利用料は基本的に無料なので、お客さまに1人でも購入していただければ、損益分岐点でプラスです。

極端な例ですが、5人のフォロワーしかいなくても10万円の商品を2人が買ってくれれば、売り上げは20万円ですし成約率は40％です。逆にフォロワーが3万人いても、商品を購入してくれるお客さまがいなければ商売としては意味がありません。

販売代行をする場合の報酬は、主催者との交渉次第です。商品やコンテンツを持っている人が有名であれば、営業代行者（マーケター）も確実に売れるのがわかるので、代行が4割で主催者が6割というケースが多いようです。反対に主催者が無名で世間的にまだ信用がない人で、代行側ががんばって販売しますよとなると代行が7割で主催者が3割になったりします。

販売代行者も自身が持っているお客さまリストに変な商品を流すと、自分も信用を失ってしまうので、分配は力関係や、信用度によって異なります。

究極の商品は自分

究極の目標は、その分野での第一人者になることです。「海外留学と言えば、◯◯さん」というように、「◯◯さんをフォローすると、海外留学の有益な情報が得られる」と思ってもらえるようになることが大切です。

海外留学といっても幅が広いので、はじめは勉強法に絞ってもいいですし、大学のカタログを読むのに必要な単語集に特化してみるのもいいかもしれません。志望校のリサーチは、すでに英語力が十分身についている人は楽しくスラスラ読めると思いますが、苦手な人にとっては結構なストレスです。同じように苦手意識を持つ留学準備生に向けて、自分が行きたい学校を調べながら役に立つ単語を集めてみてもいいと思います。あれもこれも手を出したくなりますが、まずは「これしかやらない」とルールをつくることも大切です。

何を始めたとしても、必ず共感してくれる人が必ず1人は出てきます。その1人に向けて徹底的にサービスするのです。大勢に受けようとしなくていい、みんなを相手にする必要はありません。

まずは、1人の支持者であるファンを生み出すことです。

とりあえず有名になりたいからと自己満足であふれた日記をいくら書いても誰も読んでくれません。

しかし、誰かのために書いた体験者によるリアルな情報は、今やマスメディアよりも人を動かす力になることがあります。SNSやブログを通して、口コミは100倍にも広がっていく時代です。演出されたテレビCMを100回見るよりも、実際に1度体験した人の本当の声のほうが深く届くようになったのです。

「あなたは何ができるのか?」その人にしかできないことが大きな価値になります。

幅を狭めることがブランディングです。

ラーメン屋さんのメニューに味噌ラーメンしかないと、こだわっているんだなとか自信があるんだなと思います。一方、ラーメン屋さんのメニューに、カツ丼、うな重、寿司、そば、うどん、ナポリタンとあると、「あれれ?」と疑わしくなってきます。

「なんでもできます、なんでもします」は「なんにもできない」と一緒です。どこまで掘っているかが大切です。

「これしかやらない」とやりたいこと、好きなことを掘り進めていきましょう。

「自分は何が好きかわからない」という相談も多く受けます。会社員や自営業者、ビジネスオーナーなど目先のお金や経済的安定にとらわれてしまい、本来の自分らしさや好きなことが何だったのか忘れてしまっているのです。わからないなら、頭で考えるのをやめて、やりたいと思うことを何でもやってみてはどうでしょうか？

いろいろとやりたいことを試しているうちに、楽しいという感覚を思い出してくるでしょう。楽しいと感じることをやればいいんです。それが好きなことだからです。好きなことを楽しんでやっていると、次々に人脈や情報、チャンスがやってきます。

繰り返しになりますが、楽しい人生を生きている人のもとに、楽しい人生を生きている人が集まるからです。自分の好きな分野と相手が好きな分野が全く違っていても、話していると深い部分で共通点に気づいて盛り上がるのです。

好きなことをして楽しく生きるための第一歩は、まわりの目を気にせず「ワガママ」になってみることです。好き放題のことをやってみましょう。そのなかで「これしかない」という自分に出会えるはずです。

Zoomを利用して「ゆるめ留学サロン」を開催

Zoomというビデオ通話サービスを使って月額制の英会話スクールやサロンを開催する方法もあります。Zoomの使い方については後ほど詳しく説明しますが、週1回や月1回の労働でも毎月のキャッシュフローが作れたりします。

これはオンライン上の家庭教師みたいなものなので、個人間でニーズが合致すればそれで商談成立です。事業を興すというとハードルが高くなるので、小さく5〜6人ほどお客さまを集めて、近所にある英会話教室のオンライン版のようなゆるい感じで、お客さまが自宅でお菓子を食べたり、コーヒーを飲みながら、一緒に英会話をするイメージです。

僕がやるなら、名前は「中途半端ですけど…オンライン英会話教室」とつけるでしょう。つまり完璧を求めたい方は、それなりに値段が高い業者さんのところに行ってください、というニュアンスを込めています。絶対合格とかフルサポートは、お互いが楽し

↑Zoomのホームページ

くなってしまうので無理です。「中途半端に手伝うので、金額も中途半端でかまわない友だち感覚で、自分にできることは手伝うよ」というくらいのほうが、気軽に利用しやすいと思います。英会話レッスンのほかにも、留学に必要な書類やエッセイの添削、その他心配なことに対するケアやアドバイスなども引き受けます。自分自身かなり苦労したので、分からないところをサポートしてくれたり、週1回でも強制的に勉強の進捗状況やモチベーションを維持する習慣づけをチェックしてくれる存在があると助かるはずです。

また、子育て中のお母さんと5歳以下のお子さんと一緒に学ぶサポートもしてみたいと思っています。また、登校拒否やひきこもりなど家から出られない方に、英会話のレッスンをしながら、留学体験で得たこと、世界には本当にいろいろな人がいるし、苦労もトラブルもあるけれど、自分の人生はどこまででも行けるよと伝えたい。

ちょっとしたお節介なお手伝いの延長線上で、茶飲み友だちの感覚で、ゆるくレッスンをしてゆるくお金をいただく「ゆるめ留学サロン」や「ゆるめ英会話レッスン」。お手頃な価格設定で、トライしやすくするのもありだと思います。

Zoomを活用しよう

Zoomは日本在住の人向けに他国間でも簡単にビデオ通話会議ができるサービスです。SkypeやLINE通話と似ていますが、音質もよく、録音もメモも簡単に残せるのが特長です。

僕の仕事仲間はみんなZoomを使っています。

ワンクリックでつながることができて便利です。例えば、Skypeですと、

自分「IDを教えてください」

相手「IDって何ですか」

自分「まずアカウント登録しましょう」

といった、まわりくどいやり取りが発生します。1対1であればさほどストレスにはなりませんが、参加する人数が多い場合はフォローが大変です。

Zoomのコンセプトは「ウェブ会議」ですので、参加者同士が個々にIDを知る必要がなく、主催者がオンライン上に会議室を作成して、その会議室番号またはURLを参加者に送るだけです。

最大50人くらい参加が可能（無料版は3人以上の連続通話は40分まで。有料版は月額数千円）です。

録画録音機能が付いているので、レコーディングボタンをクリックするだけで、会議の記録が簡単にできるので、ビジネスで利用することもできます。

また本書の出版にあたり、出版社の方との打ち合わせはすべてZoomでできましたし、利用者同士がどこにいてもミーテングができるので工夫次第でいろいろなことができます。

「ゆるめ留学サロン」を販売してみる

いよいよあなたのオリジナルコンテンツをお客さまに販売してみましょう。商品は「ゆるめ留学サロン」です。スキルシェアサービスで知り合ったお客さまやSNSのフォロワー読者に対して、「ゆるめ留学サロン」を紹介していきます。前述しましたが、はじめにすることは大きく分けて4つです。

・商品を決定する↓留学準備のサポートおよび英会話スクールの運営。
・価格を決定する↓入会金と月額制（退会自由）。
・サポートの体制を決定する↓オンライン。随時質問に対する回答、サポートなど。
・PR手段を決定する↓SNSや電子書籍、ウェビナーの利用。広告も検討。

最終的に「ゆるめ留学サロン」を購入していただくために、これまでのノウハウや勉強法、留学準備のポイントなどをSNS、電子書籍、Podcast（音声）、YouTube（動画）を活用して無料で情報を提供します。代わりにLINE@やメルマガに登録してもらい、お客さまリストを集めます。登録していただいた見込み客に対して、無料でさらに有益な情報を提供しながら、「ゆるめ留学サロン」の概要を説明した上で、「購入希望者はメールで申し込んでください」と伝えます。

申し込みがあれば、入金口座を伝えて、入金確認後に「ゆるめ留学サロン」の入会確認と今後のシステムの利用方法を案内するだけです。

オリジナルのコンテンツ販売で、効果的な5つのポイントをお伝えいたします。

1見込み客（LINE@、メルマガ読者）を多くつくること。

見込み客が多いほど、コンテンツ販売の利益は大きくなります。

2アフィリエイターに動いてもらうこと。

一人の力では限界があります。自分の代わりに商品をPR・販売してくれるアフィリエイターを活用しましょう。報酬の設定や気持ち良く動いてもらうことを常に意識することが大事です。

3　入会していただいたお客さまに、お客さまを連れてきてもらうこと。

良質のコンテンツを提供することで、お客さまの信頼を得る必要があります。ファンになっていただいたお客さまは、友人や知人に紹介してくれたり、お客さまとして連れてきてくれるからです。特典にキャッシュバックや入会金無料などのサービスを加えるのもいいでしょう。

4　フロントエンド・バックエンド商品を用意すること。

例えば、３９８０円のフロントエンド商品を買ってくれた人に、３万円のバックエンド商品をすすめると、３万円の商品が売りやすくなります。お客さまがフロントエンド商品に満足していただくことができれば、バックエンド商品を案内しても心理的なハードルは低く感じられます。スクールの１か月無料体験教室も同じ発想です。

5　会員の退会を防ぐこと。

スクールなど月額制で料金をいただく会員制のビジネスモデルは利益を安定化させる

最適な方法だと言われています。ただし、どんなに頑張ったとしても一定数が途中で退会していきます。例えば新規に申し込みをされたお客さまに対して、月額1万円のサービスを年額なら8万円にする年間契約を取り入れるのも1つの方法です。

4章

進学／留学準備すらお金に変える

～願書の入手から出願書類の書き方、各種手続きまで～

「留学準備」をコンテンツにしていく

本章では、実際にアメリカの大学院へ留学するまでの流れを順に追って紹介していきます。

留学を決意してから入学に至るまでに必要なことをまとめていますので、ぜひ参考にして必要なものはどんどん活用してみてください。

英語力にもよりますが、留学斡旋業者に頼らず、自力で準備を進めていくと、効率のよい勉強法や苦労する点など自分なりのノウハウができてきます。それらの情報をSNSやブログなどを利用して、記録・発信していきましょう。インプットしたものをどんどんアウトプットすることによって、海外留学を目指す仲間や語学で商売をする同業者、友だち、フォロワーが増えて、モチベーションが維持できます。

もちろん情報のクオリティも上がりますし、勉強法のノウハウも洗練されてくるでしょう。

時間にもよりますが、留学準備を進めながら、語学力があれば、家庭教師に登録するのでもよいですし、スキルシェアサービスを利用してお金を稼ぎながら、スキルアップやノウハウを充実させていくこともできます。対面だけでなく、ビデオチャットも使える「coconala」を利用して英会話のスキルを販売してもいいですし、専門的な知識と組み合わせて「Conyac」で、日本の企業から、翻訳やドキュメント・資料作り、文字起こしや動画のテロップ作成の依頼を受けることもできます。語学力があり、企業の求める専門性に特化した知識を備えていると希少性が高いので、高い単価で受注できるでしょう。

スキルを販売してお金を稼ぐのはもちろん、そこで得たノウハウも、クライアントのコンプライアンスに問題がない状態で、発信していくといいでしょう。

蓄積され洗練されたノウハウの情報は、後にまとめて電子書籍にしたり、別の商品のPR用の特典として利用することもできるので、常にアウトプットをするように心がけましょう。

留学先で専門スキルと英語力を磨き、既存のスキルシェアサービスのプラットフォームを利用しなくても、独自に企業や個人のお客さまを集めることができるようになれば、キャッシュフローがよい状態になっていくでしょう。

繰り返しになりますが、アメリカでは現地で働くことがほとんどできませんが、人脈を構築することはできます。大学院になると、アメリカ人はもちろん世界各国から意識の高い人たちが専門スキルを学びに集まってくるので、彼らと質の高い情報を交換したり、留学後にビジネスパートナーとして仕事をする展開になるかもしれません。

せっかく貴重なお金と時間を投じて海外留学を決意したわけですから、未来の自分が振り返った際に、「あの時、留学準備をしながら、情報発信をしたり、コンテンツ作りを蓄積していてよかったなあ」と思えるように、本書を利用して、自分の価値を高める一歩を進めていきましょう。

留学準備のスケジュール

各大学によって出願の締め切りは異なりますが、入学までの大きな流れは以下の通りです。

入学まで1年前

■留学計画を立てる。

・留学の動機、目的、アメリカを選ぶ理由、留学後の将来の目標などを整理する。

・費用の見積もりを出す。

■情報収集をする。

・日米教育委員会や国際交流センター、各大学のウェブサイトなどを活用する。

■学校を選ぶ。

・自分の学力と英語力を元に10校程度に絞る。

・大学のウェブサイトから大学案内と願書をダウンロードする。

■志望校を決定する。

・出願する学校を5～6校に絞り、優先順位をつける。

■テストを受験する。

・TOEFL、IELTS、GMATなど志望大学に必要なテストを受ける。

・出願までに間に合うよう余裕を持って受験する。

入学まで1年～6か月前

■志望校へ願書や必要書類を送付する。

・提出期限は学校により異なるので要確認。締め切りを設けない大学もある。

入学まで6か月～4か月前

■志望大学から合否の連絡が届く。

・2校以上から入学が許可された場合は、入学する学校を決定し、担当者へ連絡する。入学しない学校へは断りの返事を書くこと。

入学まで4か月〜1か月前

■**学生ビザの申請をする。**

・入学する学校から入学許可証（I-20）が届いたら、必要書類をそろえて大使館へ学生ビザの申請をする。

■**入国後に必要な航空券や宿泊施設などを手配する。**

・ビザを受理したら、海外旅行傷害保険に加入、外貨や荷物の準備をする。

■**渡米。**

授業開始

多民族国家であるアメリカには、英語を母国語としない人のために開設された英語研修機関が数多く存在しています。一般的にESL（English as a Second Language）と呼ばれ、以下の3タイプに大きく分けられます。

1 大学に付属している英語研修機関
2 大学のキャンパスを借りて民間が運営している私立の英語学校
3 私立の英語学校

留学を決意してから6か月で渡米

僕がアメリカに留学を決めたのは、2018年の6月末。2019年6月現在も大学院に在籍中です。博士号（Ph.D.）までを検討しているので、5～6年の留学を考えています。

実際にアメリカ大使館へ留学を申請した時は語学留学だけだったので、6か月を目処に申請しました。語学学校を隠れ蓑にして長くアメリカにいる気なのかという印象を持たれるとビザが取りにくいと聞いていたからです。

僕の場合、2019年1月～4月までがボストンの語学学校で、6月から大学院に入学をしました。修士課程は2年弱で、その後、どこかの大学院で博士課程に受かれば、そこから4年くらいかかる予定です。

アメリカの大学の入学時期は9月です。一般的に9月～翌年5月までの9か月間を1学年としています。6～8月は夏休みか夏学期で、1学年間を秋と春の2期に分けるのがセメスター制です。また、1年間（12か月）を秋・冬・春・夏の4期に分けるのがクォーター制です。

9月の入学に間に合わなかった人でも、途中の1月から入学することができ、同じ年度に入れます。日本は4月だけですが、アメリカは秋入学と冬入学の2回。僕が通っている大学院はたまたま夏期入学を募集していたので、6月から入学になりましたが、大学によって独自の学期制度を設けている場合もあります。英語が不安な場合、夏休みに現地の語学学校で語学力を磨いてから、9月に入学をする形がいいと思います。

またアメリカの大学での成績は、単位（クレジット）制で、各学期が終了するごとにプログラムが修了し、成績がついて単位が取得できます。日本の多くの大学のように通年で単位を取得するシステムと異なるため、学期ごとに学生のニーズに応じた学習計画を立てることができます。

留学を決めてから実際に大学院へ入学するまでの流れは前述しましたが、翌年9月

■学期制度

セメスター
（2学期）制
クォーター
（4学期）制
1月
2月
3月
4月
5月
6月
7月
8月
9月
10月
11月
12月
休暇
春学期
Spring Semester
休暇
（夏休み）
秋学期
Fall Semester
休暇
休暇
冬学期
Winter Quarter
休暇
春学期
Spring Quarter
休暇
夏学期
Summer Quarter
休暇
秋学期
Fall Quarter
休暇

（または翌々年1月）に入学に向けて、だいたい1年～1年半前から準備を始めていくと、余裕を持ったスケジュールになるかと思います。語学学校への留学は、思い立ったらすぐ行けます。

僕の場合、留学に向けてしっかり勉強したのは6か月ほどです。それまではシンガポールに住んでいましたが、飲食店で注文ができるくらいの英語レベルでした。

お金を稼ぐよりも英語の準備のほうが大変

目標は高いほうがいいので、留学先をハーバード大学と定めて勉強をスタート。それまでは大学院留学にＴＯＥＦＬテストなどが必要だということも知らなかったので、まずはＴＯＥＦＬの過去問を解きまくりました（ハーバード大のスコアには遠く、出願すらできない状態だと後に気づきますが……）。

一から単語を暗記しても時間がかかるので、実際にどのような内容がテストに出題されるのか、スコアを取るために何が必要か、過去問から逆算していきました。

仕事をしながら、テスト対策やエッセイ（小論文）など出願書類の作成をしたり、やることが結構ありますので、効率のいい勉強を心がけました。単語であれば、過去問題集に出ているものだけに特化して集中的に覚えるなど工夫するといいでしょう。

僕の学生時代の英語の成績はごく普通で、日本人の先生から高校・大学受験用の勉強を教わっていた程度です。スピーキングとリスニングは全くできませんでした。就職した時の同期に東大や京大出身者がいましたが、英語がペラペラというわけではなかったです。

コミュニケーションスキルとして英語の学習訓練を受けていないと、単語や文法の基礎はもちろんですが、スピーキングとリスニングができないのです。

過去問を解きながら、毎日、海外ドラマや映画で英語をひたすら浴びました。英語の音声を聞きつつ、その音声のスクリプト（台本）を目で追いながら読み上げるオーバーラッピング、英語の音声を聞いて、ほぼ同時に復唱するシャドーイングなど、試したほうが良いことは毎日続けました。最初はオーバーラッピングを試して、耳が慣れてきたらシャドーイングがいいと思います。

仕事以外の時間はとにかく英語漬けで、朝起きてすぐYouTubeで発音や会話集を聞き、食事の時間も海外ドラマを視聴、移動中は英語のPodcastを聞きながら、寝るときも英語を流しながら睡眠をとる流れを習慣にしていました。

とにかく英語を浴び続けていると、ある日突然、溜まりに溜まったものが聞こえてくるんです。例えば語学学校に通いながら、毎日英語に触れていれば、6か月くらいで聞こえるようになってくると思います。ただし、このレベルに到達する前に多くの人が挫折します。

僕の場合は、留学に向けて英語を集中的に勉強する前に、シンガポールに2年住んでいたので耳が少し慣れていたかもしれません。ただシンガポールの英語とアメリカの英語は全然違います。

これが、ボストンの語学学校で一番上のクラスに入ることにつながり、大学院入学に至ったと思っています。使用していて特に効果があったと感じる教材をピックアップしましたので、ご参考にしていただけたらうれしいです。

「読み書き」ができても、「聞く・話す」ができないと友だちを作ることができず、先生とも話せず、ディスカッションにも参加できないという負の連鎖で苦しくなるので、日々の生活の習慣として「聞く・話す」を意識して取り入れることが必要です。

飽きずに継続できたおすすめの教材

◎単語集

■TOEFL®TEST必須英単語5600（ベレ出版）

文章も載っており、文中でどう単語が使われているかが書かれている。ＴＯＥＦＬは専門的な内容が出やすいが、この本は宇宙、生物、化学、などジャンルごとに単語を学べるので実践的。

■Essential Words for the TOEFL® (Barrons Educational Series)

すべて英語で書かれている英単語集。勉強中は日本語を入れないのがコツ。これは中級以上向け。単語の意味の説明も英語のため効果的だが、初心者には向いていない。

■聞いて覚える英単語キクタンTOEFL® TEST【イディオム編】（アルク）

これは熟語集、単語ではなくイディオムが載っている。ＴＯＥＦＬに出る会話問題などで使われる特殊な言い回しもこれでカバーできる。

■TOEFL®テストでる単5000（ハッカーズ語学研究所）

日本語の意味だけでなく、同意義の英単語も多数載っているので、実践的。英語の意味を英語で考えるのはＴＯＥＦＬにおいて必須スキル。

■TOEFL®テスト英単語3800アプリ（旺文社）

本を開けない状況、友だちといる時などちょっと暇な時間にスマホを開いて勉強できるアプリは最適。これは間違えた単語だけフィルターをかけて集中的に勉強できるので便利。

◎文法集

■English Grammar in Use Intermediate（Cambridge University Press）

すべて英語で書かれているが、かなり実践的。基本的な文法から中級まで見開き1ページずつ載っており勉強しやすい。タイトルに各文法スキルが載っているので、苦手なところから勉強できる。すべて英語なので完全に英語初心者には難しい。

■English Grammar in Use Advanced（Cambridge University Press）

すべて英語で書かれているが、かなり実践的。中級以上の文法スキル。ベーシックな文法スキルを完全に網羅している人は、文法はこの本から進めるのが理想。見開き1ページずつ載っており勉強しやすい。タイトルに各文法スキルが載っているので、苦手なところから勉強できる。英語初心者には難しい。

◎TOEFL®対策本

■はじめてのTOEFL®テスト完全対策（旺文社）

問題もそこまで難しくなく、4セクションすべての問題カテゴリーが載っている。カラーで見やすく、これがTOEFLか、と全体を把握しやすい。これからTOEFLを受ける方は、まず目を通しておくべき本。

■TOEFL®過去問題集各種

右記の本で全体像や配点などを把握したら、あとは過去問を反復するのみ。多ければ多いほどいい。たくさんあるが、解説を見て自分が一番わかりやすいものを選ぶのが良い。リーディングとリスニングは自己採点が簡単なので特化して勉強するべき。

◎リスニング

■Netflix 海外ドラマ

・『プリズン・ブレイク』

アクション系なので学校で使う言葉はあまり出てこないが、シーズンが長いのと、内容が面白いので、キャラに愛着が湧きやすく、発音などがインストールしやすい。会話もアクションジャンルの割には多め。

・『ゴシップガール』

シーズンも長く、高校から大学までの長いストーリーなので学校生活や友だちとのやり取りで使う言葉を学びやすい。長編で有名な作品なので、海外に行くなら必ず押さえておかないと話についていけない。

・『THE 100（ハンドレッド）』

シーズン5以上あり、ＳＦ系なのでＡＩやプログラマーも出てきて理系英語や専門的なワードが多くでてくる。他２つの作品ではあまり出てこなかったワードを学べる。内容も面白いので飽きずに見ることができる。

■Podcast

・『60-Seconds Science』

様々なジャンルが１分ごとに話されている。短いストーリーを聞いて自分の中で要約したり、自分の考えをすぐに言葉にする訓練がしやすい。短いのでサクッと空いた時間に聞ける。

・『World Business Report』
世界のニュースが聞けるので、日本語でスマホを見るよりこれを聞き流す方が、時間も他にあてやすいし、ニュースの割に話すスピードも速くないので聴きやすい。最新情報もとれる。

・『NHK news English』
日本のニュースなので内容は親密度が高いものが多く、留学前には内容が理解しやすいかもしれない。スピードは普通。

■YouTube
寝る前や朝にYouTubeでディズニーや知っている童話の英語朗読を流す。内容をすでに知っているので頭に入ってきやすい。単語も子ども向けなので、難しくなく寝ながら聞くのにかなり良い。

◎ライティング

■TOEFL®テストライティング問題100（旺文社）

集中的にライティングをトレーニングしたい場合は、これで何度も反復練習がおすすめ。問題も豊富で、文間で必須のつなぎ英語などのまとめなどもあり、カラーで勉強しやすい。

◎リーディング

■Blinkist（アプリ）

英語を多読するのは必須だが、いきなり洋書を読むのはハードルが高い人は、この洋書の要約が読めるアプリがおすすめ。好きなジャンルも選べるし、要約なので短くさっと読める。内容もわかりやすい。ただ日本語訳はないので、ある程度単語や文法のスキルがある人向け。

■子ども向けの物語

初心者で本も読めず、基礎的な単語しか知らない場合は、子ども向けの絵本や物語がおすすめ。文字も大きく、簡単な単語ばかりで、文を読むトレーニングには最適。絵が多いものから始め、少しずつレベルを上げていけばＯＫ。

◎スピーキング

■TOEFL® TEST対策iBTスピーキング（テイエス企画）

問題も多いのでトレーニングがしやすい。解答が少し完璧すぎるため、自信をなくしやすい人は、ここまでの解答を作るのは難しいということを念頭において勉強するべき。本の中のポイントやコツを押さえていくのが重要。

■スラスラ話すための瞬間英作文シャッフルトレーニング（ベレ出版）

左のページに日本語、右に英訳があるので、日本語を英語にバシバシ変えていく練習ができる。中級以上で話せる人は日本語をなるべく頭に入れない方がいいので、これは使わない方がいい。初心者の時期はいい練習になる。

■iBTimer（アプリ）

スピーキングのQ1、Q2の質問だけだが、秒数タイマーもあるし録音もできるのでかなり良い。自分の声をきいて発音を確かめるのもスピーキングにはかなり重要。

■Podcastのシャドーイング

先述したPodcastを聴きながら、聞いた言葉を自分の声でも出していく練習。ニュースは早いのでスピードを落としてやるか、「60seconds science」だけに特化して練習するのもあり。とにかく声に出していくのが重要なので、Podcastのシャドーイングは道を歩いている時やトレーニング中、料理中にも使える。

■PhonicsをYouTubeで発音練習

フォニックス（Phonics）は英語圏の子どもに読み方を教えるために広く用いられる方法。アルファベットの綴りと発音のルールを学ぶもので、レベルに関係なく、試したことがない人は絶対にやっておかないといけないもの。YouTubeにはフォニックスで検索するとかなり多くの動画や音声があるので、自分が学びやすいものを。ネイティブが作っているものが理想。

自分なりの学習習慣を身につけて、毎日の生活のなかで無意識に英語に触れる環境を作ることが大切です。仕事などもありなかなか難しいと思いますが、理想は起きている時間の半分以上を英語にすること。「スマホに触る以上に英語本を見る」と決めて、意識を変えると楽です。

格安のオンライン英会話レッスンを１日１コマ受けるだけでも全然変わります。寝る前は英語を読むか聞いてから。寝る前には日本語を耳に入れないようにするのも効果があると思います。

日本では英語力を証明する試験としてはＴＯＥＦＬよりＴＯＥＩＣのほうが有名ですが、ＴＯＥＩＣ対策の勉強はやめた方がいいです。過去問題集を見る限りですが、海外で実用的な英語力を測れないと思います。ＴＯＥＩＣではなくＴＯＥＦＬ対策に切り替えましょう。

また留学にネイティブレベルは必要ありません。完璧を目指しすぎないようにするのも大切です。

場慣れするために語学学校へ留学

すでに述べたように、留学が初めての人は、いきなり大学院に留学するのはハードルが高いと言えます。

僕は英語に全く自信がなかったので、セブ（2回）とカナダ（1回）で2週間ずつ、ボストン（1回）で4か月、語学学校へ通いました。

アジアでの語学学校は年々増えていて、学生はもちろん社会人も有給休暇を取得して現地で英語を学ぶ人が増えています。ただし、僕が訪れたセブの語学学校は、英語初心者が多いので、すでに欧米での留学経験やビジネスで英語を頻繁に使う人にとっては物足りなく感じるかもしれません。

セブは格安で、日本から近いので有給休暇を使って短期集中的に学びたい人におすすめ。僕は一番スパルタなところがいいと思い、代理店の方に紹介してもらいました。

1階が食堂、2階が学校、3～5階が寮で、平日は外出禁止、土日のみ外出可能でした。部屋は1～4人部屋。1人部屋で1日学費も合わせて8000～9000円、費用は2週間で12～13万円ほど。

朝6時から単語テスト、その後は映像や音声を聞いて文字に起こすディクテーションで単語穴埋め問題。朝食後にリーディング、スピーキングの授業。昼食後にライティング、リスニングの授業。セブ留学の1回目は、夕食後さらに1コマ授業があり20時30分頃授業が終了。セブ留学2回目の学校は、監視スタッフがいる自習室で23時まで学習。自習室で勉強していないと、罰金を取られるシステムでした。強制的に英語を身につけたい人におすすめですが、刑務所のようで、全く遊べません。夢にまで英語が出てくるようになったので、スパルタ式のほうが実力がつきコスパもいいと思います。

もう少し観光気分を味わいたい人は、勉強が9～17時までで、その後は外出自由の学校を選択するのもいいでしょう。

基礎ができていない人は、まずセブの語学学校で留学を体感するのがいいです。

発音が微妙なのでセブはちょっと……という人もいますが、僕は単語や文法よりも発音を重視するのは、小さな子どもの脳が発達するときの勉強法だと思っています。大人になってから英語を習得する場合は、文法や単語が優先でいいと思います。ある程度文法や単語を身につけないと話になりません。

仮に2か月でも語学学校へ留学すれば英語レベルは一気に上がります。その後、発音を直していくのでもいいと思います。


アメリカはビザの関係上、語学学校で昼以降勉強できない制度になっています。カナダは9~15時まででした。2~3か月時間が取れるなら、多国籍の友だちを作りながら楽しく学べます。食事や宿題をするのも外国の友だちと一緒に過ごすよう意識して、英語を使う機会を増やしていきましょう。

カナダはホームステイでしたが、日本人とはつるまないことが上達への近道です。日本語を入れてしまうと英語力が落ちるので、日本人がいても目も合わさない、つるまない、からまないが大事です。

語学学校なので、やってくる外国人も英語はあまり話せません。お互い英語が話せない同士、隣の席になったのも何かのご縁で、はじめましてのハローからすぐに友だちになれます。グーグル翻訳を使いながら、少しずつ仲良くなって、少しずつコミュニケーションが取れるようになれば楽しくなります。楽しまないと英語力も身につきません。

アジアの語学学校留学は、費用面では安いですが、遊ぶことが目的になっている日本人グループも多くいます。僕のように日本人が日本語で話しかけてきても全力で無視するような鉄の心を持っていればいいですけど、日本人が多いとどうしても流されてしまいます。流されやすい人は絶対にアメリカがおすすめです。先生のクオリティが全然違います。教え方も上手ですし、インターナショナルスチューデントに慣れています。ただ日本から遠いので距離のハードルがあるのと費用が比較的高いです。

出願書類の作成はひと仕事

アメリカの大学は日本のような入学試験はなく、すべて書類審査で選考されます。志望する大学が定めた必要書類を締め切り日までに提出しましょう。締め切り日は学校により異なりますが、締め切りを設けず随時願書を受け付ける大学もあります。TOEFLテストなど英語力を確認するスコアのほか、過去の自分の成績を示すGPAスコアや留学目的をアピールする英文エッセイなどで総合的に評価されるため、早めの準備を心掛けましょう。

ＧＰＡスコアは、最終学歴の成績をアメリカの評価ポイントに換算したものです。換算方法の詳細は後述しますが、大学院入学の場合、日本での大学の成績（優・良・可・不可）を、優＝４ポイント、良＝３ポイント、可＝２ポイント、不可＝０ポイントで計算します。総合して平均を割り出し、ＧＰＡ３・０以上ないとアメリカの大学院はほぼ出願できません。成績が悪いともう一度大学から学び直す必要があり、ＧＰＡスコアを塗り替えなければいけません。

最終学歴の成績が決め手になるので、日本の大学でもアメリカの大学でも構いません。最近では通学しなくても単位取得ができるオンラインの大学が人気で、そこを卒業してＧＰＡスコアを塗り替える人も多いそうです。それから本命のアメリカの大学院入学を狙うのです。

一方、語学学校への留学は敷居が低いです。ＧＰＡも不要ですし、英語レベルが低くても行けます。語学を勉強するための留学なので、ＴＯＥＦＬテストが０点でも入学できるので大丈夫です。学生ビザ取得の際も「英語を話せるようになるために留学するので、今は話せません」で通用します。

大学院入学ですと、シビアにGPAスコアが必要ですし、TOEFLやIELTSなどの英語力を見るテストのスコアが必要になります。大学によって異なりますが、僕が入学した大学院はTOEFLのスコアは、120点満点（4科目各30点）で80点以上のスコアが必要でした。100点以上取るとほぼ世界中の大学院の基準をクリアできると思います。ただし、スタンフォードやMIT、ハーバードは104点以上ないと厳しいそうです。

出願手続きの書類作りは、すべて英文なので2か月以上かかりました。一般的には大学のカタログなどをチェックしながら、まずは行ってみたいなあと思う大学を10校選んでみましょう。絞られた10校を3つのグループに分けます。

①実力的には難しいが、できれば入りたいチャレンジ校。
②実力的に狙い目の本命校。

③ 実力的に落ちる心配がない滑り止め校。

さらに検討を重ね、3～5校を決定。各学校の規定に従って出願手続きの書類作成を進めましょう。

エッセイは、学校から課題が提供されるものと自由に自己プロフィールを書くタイプがあります。大学によって2種類必要な場合と、自己プロフィールだけの場合もあり、経歴や何のために大学院で学ぶのか、目標や最終的なゴールなどを文字数は自由で、だいたいA4で1～2枚程度にまとめることが多いです。

僕の通う大学院では、課題エッセイは不要で、自己プロフィールのみで、自分の野望（ゴール）について述べたものを2枚、経歴2枚、大学院に行く目標2枚の計6枚を提出しました。

また最終手段として、GPAスコアが基準ギリギリ、エッセイもアピールできる経歴や実績が微妙で自信がない、TOEFLスコアもギリギリといった場合は、面接を申し込んで、どうしてもその大学に入りたいという熱意を伝えに行くこともできます。大学によってはSkypeやZoomなどインターネット電話で面接を実施する学校もあると話に聞きます。もし面接を希望するのであれば、直接行くのがいいでしょう。書類では伝え切れない、どうしても入学したいという熱意を学校側になんとか伝えるには、それくらいのことをする必要があります。相手も「本気なら来なさいよ」と思うかもしれません。

推薦状は2～3枚必要で、僕は日本で卒業した大学のゼミの先生から1枚と、教育分野でお世話になっている先生から1枚をいただき提出しました。入学する学部とこれまで勤めていた会社の仕事内容が一致する場合は、会社の上司に推薦状をもらうのがベストです。

志望する大学へ必要な出願書類を提出すると、約2～3か月後に結果が通知されます。合格が決定すると、大学側から合格通知とともに入学許可証である「I-20」が送付されてきます。この「I-20」を入手することで、はじめて学生ビザ（F-1）の申請ができます（申請料の支払いや面接の予約など学生ビザの申請方法については後述）。

僕は旅行代理店に学生ビザを取得する手伝いをしてもらいました。いろいろと書類をそろえる必要があり、時間の都合上、数万円の費用を払ってもサポートしてもらったほうが早かったからです。それらの書類一式を持って大使館の面接に挑むという流れです。

面接日当日、大使館にビザ申請書類を持参して、領事による面接を受けます。その際、指の指紋を採取されました。面接の内容は、基本的に書類の不備がないかのチェックでしたが、「あなたは本当に大学へ行くんですか」とか「何のためにアメリカに行くんですか」―「移住するつもりではないですね」など質問される人もいるそうです。同時多発テロで、飛行機に乗っていた犯人が学生ビザを利用していたため、チェックが厳しくなっています。申請書類に問題がなければ、面接後、約1週間ほどで学生ビザがレターパックで届きます。

僕の場合は2018年6月に留学を決意してから勉強を始めて、9~12月に出願書類をそろえ、2019年1月からボストンの語学学校へ留学。2月に大学院から合格通知をもらい、4月まで語学学校で英語を磨き、6月から大学院に通っています。シンガポールと日本での仕事を続けながら渡米でしたので、スケジュールに余裕がなく半年ほどで集中的に留学準備を進めましたが、できれば余裕を持って1年~1年半で留学準備をすることをおすすめします。

留学中の住居は、ボストンに支店がある日本の不動産会社を利用して探しました。カナダのトロントへ語学学校留学をした際に、ボストンの街並みを見に行きがてら物件もいくつか下見をしましたが、その時は内見のみで契約をせず渡米直前の12月に決めました。予算など希望を伝えて、メールで物件のリストアップをしてもらい、その中から選びました。

実際に留学している人や現地に住んでいる日本人から情報を入手するのが一番早いので、本書やブログなどで勉強法や治安の良さ、住みやすさなど情報収集をして、自分にあった内容を実践するのがいいと思います。

大学院で学ぶ

アメリカには大学院課程のある大学が約２８００校あります。大学院へ入学するためには学士号を取得しているか、それと同等の資格を持っている必要があります。アメリカの大学院は2つのタイプに大別できます。

1 学術系大学院（Graduate School）
・アカデミックな学問的研究や教育を提供。
・Academic Masterと呼ばれる人文・社会科学の分野におけるMaster of Arts（M.A.）や理学・工学・応用科学の分野におけるMaster of Science（M.S.）の学位が授与される。
・修士課程修了には30～60単位の授業の履修と成績の平均でB（＝GPA3.0）以上が必須。
・修士論文（＋口頭試験）が要求されるプログラムと必要のないプログラムがある。修士論文がないプログラムは、論文や研究の代わりに、最後に筆記総合試験（Written Comprehensive Exam）が課せられることが一般的。
・課程修了に1～2年間かかる。
・最高学位は博士号（Ph.D.）。
・博士号を取得するまで早くて4年、平均で7年間かかる。

2 専門職大学院（Professional School）

・特定の分野の専門職養成教育を提供。法学、経営学、医学、獣医学、歯学、建築学、福祉学、ジャーナリズム、国際関係学、環境学など。

・弁護士になるLaw Schoolや医者になるMedical School、MBAなどが取れるBusiness Schoolなど。

・博士課程まで続くことは少なく、修士課程で修了（Terminal Master）。

・課程修了には36～48単位の授業の履修と成績の平均B（＝GPA3.0）以上が必須。

・修士論文はほとんどない。

・課程修了に1～3年間かかる。

・大学院で学ぶ分野を学部で専攻していなくても入学可能で、実務経験が尊重される。

大学カタログをチェックする

大学カタログはCatalog、Academic Catalog、General Catalog、Bulletinと呼ばれ、

講義内容や教授・職員の紹介、行事カレンダー、大学の規則、学校案内などが掲載されています。

ほとんどの学校がウェブサイト上にカタログを載せているので、インターネットで手軽に読むことができます。大学院に進む人は「なぜ留学するのか」モチベーションがはっきりしているため、すでに行きたい大学院がある方は志望する大学名で検索するか、学ぼうとしている専攻や分野で検索をするのがよいでしょう。

僕が特におすすめしたいのが、日米教育委員会（フルブライト・ジャパン）の「Education USA」ウェブサイト（https://www.fulbright.jp/study/index.html）です。アメリカ留学に関するさまざまな最新情報にアクセスできる上に、「留学に関するリンク集」にあるPeterson'sやGradSchools.comなどの「学校検索サイト」をよく利用させてもらいました。

僕は幼児期における教育心理学を専攻できる大学院を探していたため、それらを学ぶことができる学校を20校ほどピックアップし、各学校のカタログを読んで、自分の条件に近い大学院を10校ほどに絞りました。

■大学院の学期制

アメリカの大学院の新学期は一般的に9月からスタートで、2年間で修了する流れになっています。1学年を9～12月と1～5月の2学期に分けるセメスター制（Semester System）をほとんどの学校が採用しています。

成績は、単位制で各学期が終了するごとにコースが修了し成績がついて単位をもらえます。

■大学認定制度

アメリカには日本の文部科学省のような中央で教育を統括する政府機関がありません。各大学は複数の民間の認定団体（accrediting associations）により認定され、連邦政府の教育省から助成金を受ける対象になります。認定の対象は大きく分けて、大学を教育機関として全体的に評価するInstitutional Accreditation（地域認定）とSpecialized Accreditation（専門分野別の認定）の2つ。地域認定を受けた大学間では編入や単位互換がスムーズに行われます。

一般的に専門分野別認定を受けている大学は、すでに地域認定も受けている場合がほとんどです。

アメリカには大学と称して学位を授与しても認定を受けていない学校が数多く存在します。認定を受けていないからといって教育の質が悪いとは言い切れませんが、一定の金額を納めれば学位がもらえるような質の低い大学があるのも事実です。アメリカではこのような大学を「diploma mills」「degree mills」と呼び、学歴として用いるとマイナス評価につながることもあると聞きます。

地域認定を受けていない学校へ留学希望する場合、その大学での教育や学位が日本でどのような評価をされるか事前に調べておく必要があります。

■地域認定団体と管轄

Middle States Association of Colleges and Schools

デラウェア(DE)	ワシントンDC(DC)	メリーランド(MD)
ニュージャージー(NJ)	ニューヨーク(NY)	ペンシルベニア(PA)
プエルトリコ(PR)	バージン諸島(VI)	

New England Association of Schools and Colleges

コネチカット(CT)	メイン(ME)	マサチューセッツ(MA)
ニューハンプシャー(NH)	ロードアイランド(RI)	バーモント(VT)

Higher Learning Commission

アリゾナ(AZ)	アーカンソー(AR)	コロラド(CO)
イリノイ(IL)	インディアナ(IN)	アイオワ(IA)
カンザス(KS)	ミシガン(MI)	ミネソタ(MN)
ミズーリ(MO)	ネブラスカ(NE)	ニューメキシコ(NM)
ノースダコタ(ND)	オハイオ(OH)	オクラホマ(OK)
サウスダコタ(SD)	ウエストバージニア(WV)	ウィスコンシン(WI)
ワイオミング(WY)		

Northwest Commission on Colleges and Universities

アラスカ(AK)	アイダホ(ID)	モンタナ(MT)
ネバタ(NV)	オレゴン(OR)	ユタ(UT)
ワシントン(WA)		

Southern Association of Colleges and Schools

アラバマ(AL)	フロリダ(FL)	ジョージア(GA)
ケンタッキー(KY)	ルイジアナ(LA)	ミシシッピ(MS)
ノースカロライナ(NC)	サウスカロライナ(SC)	テネシー(TN)
テキサス(TX)	バージニア(VA)	

Western Association of Schools and Colleges

カリフォルニア(CA)	ハワイ(HI)	グアム(GU)
米領サモア(AS)	北マリアナ諸島(MP)	

■アメリカの5段階評価

成績評価（Letter Grade）	得点率（Percentage）	評価点（Grade Point）
A（excellent）	90-100	4ポイント
B（good）	80-89	3ポイント
C（average）	70-79	2ポイント
D（pass）	60-69	1ポイント
F（fail）	0-59	0ポイント

留学に必要な3つの条件

1 学力

（1）ＧＰＡ

アメリカの大学院課程に入学するためには、大学を卒業（見込み）し学士号を取得（見込み）していることが基本です。

アメリカでは5段階評価（A、B、C、D、F）に対し4～0の評価点（Grade Point）を付与し算出する評定平均値ＧＰＡ（Grade Point Average）が広く用いられています。

一般的に大学院課程ではＧＰＡ3・0以上（アメリカの5段階評価で平均B以上）が求められます。

■GPA換算方法

①日本の成績をポイントに換算する。

日本の4段階評価への換算表

成績評価 (Letter Grade)	得点率 (Percentage)	評価点 (Grade Point)
優　またはA	80-100	4ポイント
良　またはB	70-79	3ポイント
可　またはC	60-69	2ポイント
不可　またはD	0-59	0ポイント

②次の計算式に数値を入れて平均を割り出す。

$$\text{GPA}=\frac{(\text{A科目の成績}\times\text{単位数})+(\text{B科目の}\cdots)+(\text{C科目の}\cdots}{\text{総単位数(全科目の単位の合計)}}$$

《例》

科目	成績	→	評価点		単位数
英語	優 またはA	→	4 ×	4 =	16
数学	優 またはA	→	4 ×	4 =	16
歴史	良 またはB	→	3 ×	4 =	12
化学	良 またはB	→	3 ×	2 =	6
社会学	可 またはC	→	2 ×	2 =	4
倫理学	不可 またはD	→	0 ×	2 =	0
				18 (総単位数)	54 (トータルポイント)

$$\text{GPA} = \frac{54}{18} = 3.0$$

日本での成績をＧＰＡに換算するにはＰ２２３のように求めます。たとえ東京大学や京都大学を卒業していても、成績に「可」が多く、ＧＰＡが2点台ですと大学院留学は難しいでしょう。大学で遊んでしまい成績が良くない場合は、通信制の大学などで単位を取り直してＧＰＡ３・０以上を目指す方もいます。ただし成績の判定は各大学が独自の換算方法で実施するのであくまでも目安として参考にしてください。

（２）適正能力テスト

学業成績に加えて多くの大学では適正能力テストの受験を要求し、その結果で志望者の学力を判断しています。大学院課程の場合は以下のものがあります。

■ＧＲＥ（Graduate Record Examinations）

http://www.ets.org/gre

・主に学術系大学院（Graduate School）に多い。

・ＥＴＳ（Educational Testing Service）が実施し、General Test（英語、数学、作文）とSubject Test（生化学、生物学、化学、英語文学、数学、物理学、心理学の7分野から入学を希望する大学院が要求する科目を1つ選択）がある。

・General Testは、英語と数学が170点満点、作文が6点満点のスコアによる学力判定方式。スコアは受験者の点数分布により決まり、英語と数学は130〜170点、作文は0〜6点の範囲で示される。
・Subject Testは、200〜990点の間でスコアが示される。
・スコアは受験から5年以内が有効。
・受験料は、General Test は205ドル、Subject Testは150ドル。

■GMAT（Graduate Management Admission Test）

https://www.mba.com/global/the-gmat-exam.aspx
・経営大学院（ビジネススクール）の入学に必要。
・英語、数学、論理思考、作文の4科目。
・英語と数学は0〜60点、論理思考は1〜8点、作文は0〜6点のスコアで示され、総合的なスコアは換算された200〜800点の間で示される。
・受験料は250ドル。
・GMAC（Graduate Management Admission Council）が実施。1年間で通算5回

まで受験できる。

■ＬＳＡＴ（Law School Admission Test）

http://www.lsac.org

・法科大学院（ロースクール）の入学に必要。

・ＬＳＡＣ（Law School Admission Council）が年４回実施、読解力、分析力、論理力を問う。

・１２０～１８０点の間でスコアが示される。

・受験料は１８０ドル。

２英語力

当たり前ですが授業は英語で行われるので、アメリカ人学生と同等にやっていけるだけの英語力が必要です。そのため、ほとんどの大学では留学生の入学基準としてアメリカの教育非営利団体ＥＴＳ（Educational Testing Service）による英語能力テストＴＯ

EFL iBTのスコアを求められます。

大学院課程ではTOEFL iBT79〜80点以上が必要と言われていますが、大学や専攻分野によって異なるので各大学のウェブサイトや大学のカタログをご確認ください。

■TOEFL iBT®テスト（Test of English as a Foreign Language）

50年以上にわたって世界中で受験されているテスト。日本では現在インターネット形式（TOEFL iBT）が導入されている。約130か国、1万以上の機関が英語力の証明として認定。「読む（reading）」「聞く（listening）」「話す（speaking）」「書く（writing）」の4技能を測定する。一人一台のコンピュータを割り当てられ、総合スコア0〜120点で示される。

スコアは受験日から2年間有効。

◎受験要綱（Bulletin）の入手方法

ETSのテスト公式サイト（https://www.ets.org/toefl）から、About the Test（テストについて）→Registration Bulletin and Forms（登録要綱および申込用紙）→2019-20

TOEFL iBT Registration Bulletin（ＰＤＦ）をクリック。オンライン、電話、郵送での申し込みが可能。

◎受験申し込み方法

国際教育交換協議会（ＣＩＥＥ）のＴＯＥＦＬテスト日本事務局のウェブサイト（https://www.cieej.or.jp/toefl）を参考に。

Bulletin（受験要綱）を読み、身分証明書（ID）を用意する。パスポートでＯＫ。

ＴＯＥＦＬテスト公式ウェブサイト（https://www.ets.org/toefl/）のページ右上にある「My TOEFL iBT Account」をクリックして入り、「My Home Page」を作成、ＥＴＳＩＤを取得した後、申し込み画面へ。

・試験は、年間約40回、ほぼ土日、全国で実施。
・テスト時間は約４～４時間30分。
・受験料は、２３５ドル（試験日７日前まで「Regular registration」）。または２７５ドル（オンラインは試験日４日前、電話受付はテスト日の前営業日17時まで「Late

registration」）。

■ＩＥＬＴＳ（International English Language Testing System）

世界１４０か国、１万以上の教育・国際・政府機関などが採用。アメリカのトップ２００大学の95％、トップ２００大学院の95％が採用している。

留学を目指す人向けの「アカデミック・モジュール」と学業以外の研修や移住申請を行う人向けの「ジェネラル・トレーニング・モジュール」がある。

リスニング、リーディング、ライティング、スピーキングの４テスト。

テスト結果は１・０～９・０までのスコアで示され、大学院課程ではＩＥＬＴＳ７・０以上が必要と言われている。

◎申し込み先

公益財団法人 日本英語検定協会　ＩＥＬＴＳ事務所（https://www.eiken.or.jp/ielts）

・試験は、全国の各都市でほぼ毎週実施。パスポート必要。

・受験料は、2万5380円（税込）。

大学によっては、TOEFL iBTテストやIELTSのほか、英検（実用英語技能検定）やPTEアカデミック（Pearson Test of English Academic）を英語力証明資格として認める学校もあります。

■実用英語技能検定（英検）

https://www.eiken.or.jp/eiken/abroad/

公益財団法人 日本英語検定協会が実施、文部科学省が後援する国内で受験者が最も多い試験。現在北米含む約400の大学・大学院が留学時の英語力証明資格として認めている。

一般的に英検1級はTOEFL iBT100点、準1級はTOEFL iBT80点、2級AはTOEFL iBT61点の目安として利用されている。

リスニング、リーディング、ライティング、スピーキングの4技能。

■PTEアカデミック（Pearson Test of English Academic）
https://www.pearson.co.jp/products_services/assessment/pte-academic/
スピーキング、ライティング、リーデング、リスニングの4技能を測定するテスト。文法力、発音、スペル、文章構成力など6つのスキルもスコア化される。
スコアは10～90点で示される。

3 経済力

留学先の学校や都市によって、留学費用は大きく異なります。年間の授業料が約100万円のところもあれば、約450万円かかるところもあります。僕が通っている大学院の授業料は1学年間（9か月）約150万円ですが、州立大学院は学費が安く約5000ドルとも聞きます。私立大学院は約2万5000ドルで、トップクラスの私立有名校になると約10万ドル（1000万円）かかる場合もあります。費用は大学のカタログで調べることができ、CostまたはFinancial Informationの項目に掲載されています。

留学の予算を立てる際に、最低でも次の項目の費用を見積っておくといいでしょう。

■**教育費**

・授業料

・教材費（テキストや資料、参考書など）

・文房具費（パソコンなども）

・医療保険費（大学で強制的に加入することになる保険）

■**滞在費**

・住居費（寮、ホームステイ、アパート、光熱費・水道代含む）

・食費

・服飾、交際費

・交通費

・通信費

・車の購入（必要な場合）、保険費

■入学申請時の費用

・資料費（留学に関する書籍など）
・テスト受験料
・出願書類作成料（成績証明書などの発行手数料、英文翻訳料）
・入学申請料
・I－20発行料
・留学エージェント手数料（利用する場合）

■渡航費

・パスポート申請料
・ビザ申請料、ＳＥＶＩＳ費
・健康診断、予防接種費
・海外旅行傷害保険料
・航空券代、交通費

■大学院課程の1学年間(9か月)の経費〔例〕

授業料、諸経費	約150万円	(約16万円/月)
部屋代	約55万円	(約6.1万円/月)
食費	約44万円	(約4.9万円/月)
教科書・文房具代	約12万円	(約1.3万円/月)
雑費	約33万円	(約3.7万円/月)
	約294万円	(約32万円/月)

1ドル110円で換算。

■留学資金ワークシート

●経費

	A大学	B大学	C大学
授業料、諸経費			
住居費、光熱費			
食費			
交通費			
教科書・文房具代			
交際費ほか雑費			
経費合計 ①			

●資金

自己資金			
奨学金			
ローン			
その他			
資金合計 ②			

不足額 (①-②)			

奨学金

日本国内で公募されている海外留学の奨学金制度は数多くあります。日米教育委員会のウェブサイトにある「アメリカ留学奨学金制度一覧」（http://www.fulbright.jp/study/directory/shokin.html）などを参考にして、各奨学金団体に照会するのがいいでしょう。奨学金を希望する場合は、留学の1年半前まで（1年前には締め切られることが多い）に情報を入手して申し込みましょう。

地方自治体によっては、住民を対象にした海外留学の助成を実施しているケースもあります。

留学を希望する大学に奨学金制度があるかどうかは、ウェブサイトや大学のカタログで調べることができますが、大学院課程で支給される奨学金は、主にアシスタントシップとフェローシップの2つです。

■アシスタントシップ

週10～20時間、授業の手伝いや試験の採点などを行うTeaching Assistant（TA）と、教授の助手として研究・実験などを手伝い報酬を得るResearch Assistant（RA）、留学生課や教務課など大学の事務オフィスで仕事をするAdministrative Assistantがあります。

■フェローシップ

修士・博士課程で成績優秀な留学生に対して研究奨励費が支給される場合や、大学によってはすべての博士課程入学者に与えられるケースも。

アルバイト

学生ビザ（F-1）保持者は、週20時間以内、休暇中はフルタイムでキャンパス内の仕事をすることができます。

大学にフルタイムの学生として9か月以上在籍している場合は、週20時間以内の制限付きですが学校の許可を得てキャンパス外で働くことも可能です。

学校によって異なりますが、成績が悪かったり、授業の欠席が多いとアルバイトは許可されないので、アルバイトをしたい場合は学校の留学生アドバイザーに相談してみましょう。

大学院への出願手続き

志望校が決まったら、願書（Application Form）を作成します。多くの大学は出願手続きのオンライン化を進めており、オンライン申請またはフォーマットをダウンロードして、必要事項を記入して郵送します。どうしても手紙やメールで願書を取り寄せる必要がある学校の場合は、以下を明記して願書の送付を依頼しましょう。

・日付
・氏名
・住所、電話番号、メールアドレス
・生年月日

・高校以上の学歴
・大学院での専攻
・入学を希望する時期（年度、学期）
・簡単な質問事項

出願に必要なものは、以下の通りです。日本のような入学試験はありませんので、書類は丁寧に記入し、できるだけ自分の能力や資質をアピールするよう心がけましょう。

①入学願書
②大学の成績証明書
③大学の卒業証明書
④推薦状2～3通
⑤エッセイ
⑥履歴書
⑦TOEFL、GRE、GMATなどのスコア

⑧財政能力証明書
⑨申請料

①入学願書（Application Form）

学業成績やエッセイ、課外活動、職務経験、推薦状、テストスコアなど多角的に入学許可の判定にあたります。願書は自分を知ってもらう大切なチャンスなので、少しでもアピールできるような内容を誠意を持って作成しましょう。大学院の入学願書は、以下のような項目を記入することになります。願書をダウンロードする場合、必要事項の記入はタイプがいいでしょう。筆記の場合は活字体を用いること。

1 氏名
2 住所、電話・ファックス番号、メールアドレス
3 生年月日、出生地、国籍
4 正規学生（Full-time）か、単位取得者（Part-time）か　※留学の場合はFull-time
5 入寮を希望するか

6 入学を希望する時期（年次・学期）
7 希望する専攻科目
8 専攻を希望する理由
9 これまでの学歴
10 この大学院を何で知ったか
11 この大学院に興味を持った理由
12 その他の受験校名
13 今までにやっていた課外活動
14 学業で秀でた経験や出版経験
15 職歴や職務内容
16 外国語のスキル
17 TOEFL、GRE、GMATの受験日やスコア
18 推薦者の名前、肩書き、住所
19 両親の氏名、職業名、最終学歴
20 家族と同居しているか否か

21 既婚か未婚か
22 身体の障害の有無
23 申請料の支払い方法 ※オンラインではクレジットカードOK
24 記入年月日
25 親、兄弟、知り合いなどが在籍、卒業しているか
その他、職歴や趣味を質問する大学もあります。

②大学の成績証明書〔英文〕(Official Transcript)

出願する1～3か月前に用意します。成績証明書には本人の氏名、生年月日、入学年月日、卒業年月日（見込みでも可）、成績を英文で記入し、学校印（Official Seal）の捺印と学長または学部長のサインが必要です。大学によっては自動販売機で発行されるところもあります。成績証明書は機密文書扱いになりますので、1枚ごとに封筒に入れて封をしましょう。

③大学の卒業証明書〔英文〕(Certificate of Graduation)

大学院によっては、最終大学の成績証明書を卒業証明書とみなすところもあります。卒業証明書に記入されている要項は成績証明書に準じますが、本人の氏名、生年月日、学校名、所在地、入学・卒業年月日が記されたもので、学校印と学長または学部長のサインで証明されているものが必要です。

④推薦状2〜3通〔英文〕（Letter of Recommendation）

推薦状には、「専攻する分野で出願者が大学院で成功する資質（能力・学力・スキル）がある」ことを書いてもらいます。専攻する分野に関係するコースを教えている先生や、社会人であればあなたの職務経験を見ている上司に書いてもらうのがいいでしょう。

・職務経験（Professional Background）がない場合➡大学の先生3名
・職務経験がある場合➡職務経験の年数と専攻分野により上司3名、または上司2名（1名）と大学の先生1名（2名）

どうしても専門分野に関連のある先生が見つからない場合、大学院レベルで学問をするための本質的な能力やスキルについて書いてもらいましょう。ライティングやコミュニケーションスキル、リサーチ能力やプレゼンテーション力、グループワークを円滑に進める交渉力やリーダーシップなど依頼者側で工夫し、推薦者に書いてもらうようにお願いします。

推薦者が英文を書けない場合は、日本語で書いてもらい翻訳後にサインをしてもらいます。推薦者はサインのほか学校名や住所、電話・ファックス番号、メールアドレス、役職名なども記入してもらいます。その際、推薦者が勤務している学校や会社のレターヘッドを使用してもらう必要があります。

⑤エッセイ〔英文〕（Essay）

書くべきこととは、「なぜ、この大学院を選んだのか」「なぜ、この専攻を選んだのか」「将来のゴールは何か」の3点です。入学審査官に自分がどのような考えを持っているのか、自分の表現力がどのくらいあるかをアピールする場であり、いい意味で他の出願者よりも目立つ必要があります。エッセイの内容では、日本人にありがちな謙遜は自信のなさと取られるため、少し図々しいくらいのアピールが必要です。

⑥履歴書（resume）

願書やエッセイで伝えきれない経歴をアピールしましょう。分量はA４サイズで１～２枚程度です。

（1）住所、氏名、電話番号

（2）学歴や課外活動など

最終学歴の大学入学から卒業まで（高校は不要）。学歴だけでなく、ゼミやクラブでリーダーを務めたとかボランティア活動をした経験、奨学金や受賞歴などを書きます。

（3）職歴

職に就いていた時の仕事内容を具体的にできるだけ多く書くようにします。売り上げを伸ばしたとか、職場の問題点を工夫して改善したなど。その時の役職や所属先、勤務地も忘れずに書きましょう。

（4）その他

仕事や勉強以外で興味を持っていること、趣味や余暇の活動について書きます。

⑦TOEFL®、GRE、GMATなどのスコア（Test Scores）

英語力テスト（TOEFLなど）や適性能力テストの結果は必須です。GREはBusiness School、Law School、Medical School以外の大学院を目指す場合に受験します。GMATはMBA（Business School）を目指す場合に受験します。

⑧財政能力証明書〔英文〕（Financial Documents）

留学のために保有している金額・財源などを示す書類です。留学に必要な経費は大学により異なりますが、授業料・生活費・諸経費を含む1学年間（夏期休暇中の費用を含めない9か月分）の経費を負担できる財政証明があって初めて、大学は最終的な入学許可証を発行します。

本人もしくは保証してくれる人で、留学生の親や親戚できれば同じ苗字の人がいいでしょう。残高は一人の名義でなくてもOKで父親名義、母親名義、祖母名義など合わせても大丈夫です。

大学の所定の用紙がない場合は、費用負担者のサイン入りの保証書を作成して、銀行で発行した英文の預金残高証明書など財政状況を証明する書類とともに提出します。

財政能力証明書の有効期限は発行日から3か月以内が望ましく、一つの口座にまとめる必要はなく、複数の口座の残高証明を合わせることで問題ありません。金融機関によってさまざまな証明書のフォーマットがありますので、必ず名義人の氏名、発行年月日、金額、金融機関名、発行人の氏名およびサイン、金融機関印が載っていることを確認しましょう。

ビザ（査証）を申請する際、再度、財政能力証明書（3か月以内。大阪の領事館で申請する場合は1か月以内）が必要になるので注意しましょう。

⑨申請料

およそ25～100ドルが必要で払い込み後は返金されません。銀行で小切手を作成し願書に添えて送付するか、クレジットカードによる支払いになります。

願書の締め切り日は学校によって異なります。9月の新学期から入学したい場合は、前年の11月～入学年の3月頃までに提出する必要があります。余裕を持って準備しましょう。ぎりぎりまで願書を受け付ける学校や随時受け付ける学校もあります。

願書など大学に提出する書類はすべてコピーを取りましょう。郵便事情で先方に届かない場合や大量の願書を受け付ける大きな学校では書類を紛失することもあるためです。複数の学校に出願するので、どの大学に何を送ったかわからなくならないように、ファイリングしましょう。

書類の審査と合否の通知

提出された出願書類は志望校の入学基準によって審査され、合否は通常手紙で知らされます。9月入学の場合、早いところでは3～4月ごろ、遅いと7月ごろまでわからない学校もあります。出願書類を送付後、2～3か月経っても大学から知らせがなければ、問い合わせてください。不合格の場合でも通知は送られてきます。

合格通知を受け入学を決めた場合は、通知書に書かれている担当者にその旨を伝える必要があります。その際に100〜500ドルの予約金（Deposit）が必要な大学があります。入学しなかった場合でもDepositは返金されない場合がほとんどですが、第一志望校の合否を待っているタイミングであれば安全のため支払っておくことをおすすめします。

学生ビザ（F-1 Visa）の申請

学生としてアメリカに長期滞在するために必要な査証。パスポートにシールの形で貼られるもので、各自で申請します。このビザ申請に欠かせない書類がI-20（入学許可証）と呼ばれるものです。I-20は、合格通知と一緒に、あるいは本人の入学意思決定後に送られてきます。I-20はその大学の学生であることを証明する唯一の正式な書類で、在学証明書でもあり入国の時には必ず提示を求められます。

ビザの申請はオンライン申請後、米国大使館または領事館にて面接が必要です。ビザの手続き方法や必要書類などは変更されることがあるため、米国大使館のウェブサイト内の「ビザサービス」（https://jp.usembassy.gov/ja/visas-ja）や米国ビザインフォメーションサービス（http://www.ustraveldocs.com/jp_jp/jp-niv-visaapply.asp）で最新情報の確認を。

1　オンラインビザ申請書（DS-160）の作成
オンラインビザ申請書をDS-160といい、オンライン上で入力して送信します（https://ceac.state.gov/genniv/）。送信後、表示される10ケタのバーコード番号が印字された確認ページを印刷し、大使館での面接に持参します。

2　プロファイルの作成
アメリカのビザを初めて申請する場合、プロファイルの作成が必要です。すでにプロファイルがある場合は、ビザ申請料金の支払いプロセスまで進めましょう。
https://cgifederal.secure.force.com/SiteRegister?country=Japan&language=japan

3　ビザ申請料金の支払い
クレジットカードや該当するATMで現金による支払いができます。学生ビザなど非移民ビザの多くは申請料金が160ドル。支払い後、12ケタの受付番号が発行されて、面接予約ができるようになります。

予約の際は、

・パスポート

・DS-160確認ページ（10ケタのバーコード番号）

・メールアドレス

が必要になります。

4 米国大使館または領事館で面接

当日持参する書類は以下の通りです。

・面接予約確認書

・パスポート（現在有効なパスポートおよび過去10年間に発行された古いパスポート）

・DS-160確認ページ

・カラー写真1枚（5㎝×5㎝。背景は白、無帽、6か月以内に撮影されたもの）

・入学許可書（I-20）

・財政能力証明書
・英文の身元保証書（財政能力証明書の口座名義が本人のものでない時に必要）
・英文成績証明書、最終学歴の卒業証明書
・I-901 SEVIS費の支払い済み領収書（支払いサイトhttps://www.fmjfee.com/i901fee/index.html）

SEVISは、留学生・交流訪問者の最新情報を米国国土安全保障省 捜査・取締局（ICE）が管理するデータベースシステムのことで、ビザ申請料金のほかにSEVIS費用の支払いが必要です。F-1ビザで200ドル、ビザ面接日の3日前までに支払いを済ませること。

面接の際には、10本指の指紋も採取されます。ビザは面接当日には発給されず、特に問題がなければ7～14日後に郵送されます。

面接は、英語または日本語で一人ひとり行われます。書類の不備がないかのチェックが主な目的ですが、「滞在の目的」「滞在期間」「滞在する場所」は英語で答えられるようにしておきましょう。また会社を辞めて留学する場合は、留学後の予定を聞かれることもあるので、不法に滞在することなく帰国する意志があることを伝えましょう。

留学準備は時間をかければ自力で調べることができます。留学経験者のウェブサイトや様々な留学情報本がありますが、特に参考になったのが『アメリカ留学公式ガイドブック』（日米教育委員会編著／アルク）でおすすめです。どうしても手続きの準備をする時間があまりない人、言葉に自信がない人は留学エージェントを利用するのもいいでしょう。ただしエージェントのサービス内容や料金はそれぞれ異なるので、複数の会社を比較・検討してから選びましょう。

おわりに

日本の教育で圧倒的に欠けているものの1つは、英語だと考えています。

海外に出ると、母国語に加えて英語を話す外国人はごく一般的です。さほど教育がされていない子どもたちも当たり前のように英語で話をしています。

日本人は読むことと書くことは得意でも、聞くことと話すことが苦手です。僕もそうでしたが、とっさに言葉が出てこないのです。世の中には英語の教材があふれていますが、それだけニーズがあり、かつ身に付いていない人が多いことの表れでしょう。英語を身につけるには、英語しか話せない環境に身を置くのが最も効果的なので、時間とお金を考慮すると、海外へ留学して現地で生活するのがベストです。「すでにいい年齢だし、今さら英語をマスターできるのか」と不安な人も多いかと思いますが、飛び込んでしまえば、なんとかなるものです。ネイティブのような発音でなくても、話は通じます。

繰り返しになりますが、留学は生まれ変わるチャンスです。

英語をマスターしているだけで、人生の選択肢を広げることができます。英語ができると、就職先を日本だけでなく世界中の企業から選ぶことができます。国内でも、日本人の多くは英語が苦手なので、英語ができる人材が常に求められています。英語を話せないだけで、どれだけ可能性を潰しているか真剣に考えるべきだと感じます。

また海外では、日本よりももっと気軽に起業をしています。本当に普通の人がちょっとしたアイデアを閃くと、ビジネスにならないかと動き出します。自分の人生を生きるためにチャレンジをすることが当たり前の環境にいるとパワーをもらえます。

アメリカ人の自己肯定感には圧倒されます。客観的には、できなさそうなのに、本人は平気で「できる」とアピールします。自分にはできないということを考えていないのです。「私の価値はこれです」と、自分がいかに優れているか、誰でもプレゼンできるのです。留学すると彼らに引きずられて、自己肯定感が低かったり、自信がない人でも、積極的に自分を表現しないともったいないと思うようになります。

日本にいる時には、気づきにくかった自分がやりたいこと、好きなこと、「自分の価値はこれです」と言えるものが見えるようになってきます。

そして、英語が話せるようになり、自分の価値を活かしたスキルや商売の仕組みができると、将来に対する不安がなくなっていきます。世界のどこにいても、自分の人生を自分のために生きていける実感を手にすることができるからです。

本書が、自由に生きるための一歩を踏み出すきっかけになれたら幸いです。

２０１９年６月ボストンにて　竹中亮祐

◆竹中公式LINE@→ http://nav.cx/jgM8ScM
もしくはLINEを開いて
「 @ttpp 」をID検索してください。
（はじめの@をお忘れなく）

◆無料メルマガ動画講座（毎日、副業、留学、マインドセット、投資に関する動画が送られてきます）
http://foryou.pw/form_if.cgi?type=1&id=youtube
有料セミナー動画を読者限定配布中

竹中亮祐（たけなか　りょうすけ）

平成２年、大阪生まれ、大阪市立大学商学部卒、米国大学院教育学部在学中。ボストン在住。起業家、社会実業家、作家、講演家。大学卒業後、三菱電機（株）に就職するも１年で退職し、24歳の時に上京して起業。26歳の時に海外にも拠点を増やすため、シンガポールに移住して起業。事業はセールスやマーケティングのコンサルティングが主であったが、27歳の時にカンボジアに小学校を設立し、昔から興味があった先生や学校運営など教育事業にこの頃から移行していく。教育をより深く学ぶため28歳の時に渡米。現在はボストンにて教育学を学びながら、シンガポール法人の役員、日本国内にてインターナショナルスクール経営、人材育成サロン運営、カンボジアにて小学校運営を手がけている。

稼ぎながら学ぶ！　ズル賢い勉強法

2019年8月15日　第一刷発行

著者　竹中　亮祐
発行人　出口　汪
プロデュース　長倉　顕太
発行所　株式会社　水王舎
東京都新宿区西新宿6-15-1
ラ・トゥール新宿511　〒160-0023
電話　03-5909-8920

本文印刷　光邦
カバー印刷　歩プロセス
製本　ナショナル製本
装丁　福田和雄（FUKUDA DESIGN）
編集協力　仁科貴史
編集統括　瀬戸起彦（水王舎）

ISBN 978-4-86470-123-5